김원봉

글쓴이 **권태문**
1938년 경북 안동에서 태어났다. 매일신문, 서울신문 신춘문예에 동화가 당선되었고 한국아동문학상, 세종아동문학상, 소천아동문학상, 박홍근아동문학상, 율목아동문학상을 받았다. 지은 책으로는 《거꾸로 자라는 소》《나뭇잎 배》《바구니에 담은 별》들이 있다.

감수자 **김광운**
경기도 시흥에서 태어나 한양대학교 사학과와 같은 학교 대학원을 졸업했다. 현재 국사편찬위원회에 재직 중이며, 한겨레통일문화연구소 연구위원, 민주화운동기념사업회 자문위원으로 활동하고 있다. 한양대학교와 한신대학교, 조선대학교, 서울교육대학교 등지에서 학생들을 가르치고 있다. 지은 책으로는 《통일 독립의 현대사》들이 있다.

김원봉
우리가 잊지 말아야 할 독립운동가 10

3판 1쇄 인쇄 | 2019년 7월 30일
3판 1쇄 발행 | 2019년 8월 5일

지 은 이 | 권태문
감 수 자 | 김광운
펴 낸 이 | 정중모
펴 낸 곳 | 파랑새
등   록 | 1988년 1월 21일 (제406-2000-000202호)
주   소 | 경기도 파주시 회동길 152
전   화 | 031-955-0670 팩   스 | 031-955-0661~2
홈페이지 | www.bbchild.co.kr
전자우편 | bbchild@yolimwon.com

ⓒ 파랑새, 2003, 2007, 2019
ISBN 978-89-6155-860-0 74910
       978-89-6155-850-1 (세트)

• 책값은 뒤표지에 있습니다.
• 출판사의 허락 없이 이 책의 일부 또는 전체를 인용하거나 발췌하는 것을 금합니다.
• 본 도서는 파랑새 〈인물로 보는 한국사〉 시리즈와 동일한 도서입니다.

어린이제품안전특별법에 의한 제품 표시
제조자명 파랑새 | 제조년월 2019년 8월 | 제조국 대한민국 | 사용연령 10세 이상

김원봉

권태문 글 | 김광운 감수

파랑새

추천사
삶의 등대가 되어 주는 역사 인물

'도로시'라는 미국의 교육학자는 '아이들은 사는 것을 배운다'라는 유명한 시를 남겼습니다. 그 내용은 다음과 같습니다.

만일 아이가 나무람 속에서 자라면 비난을 배웁니다.
만일 아이가 적개심 속에서 자라면 싸우는 것을 배웁니다.
만일 아이가 비웃음 속에서 자라면 부끄러움을 배웁니다.
만일 아이가 수치심 속에서 자라면 죄의식을 배웁니다.
만일 아이가 관대함 속에서 자라면 신뢰를 배웁니다.
만일 아이가 격려 속에서 자라면 고마움을 배웁니다.
만일 아이가 공평함 속에서 자라면 정의를 배웁니다.
만일 아이가 인정 속에서 자라면 자기 자신을 좋아하는 것을 배웁니다.
만일 아이가 받아들임과 우정 속에서 자라면 세상에서 사랑을 배우게 됩니다.

이 아름다운 시처럼 우리들의 아이들은 끊임없이 세상에서 무엇인가 배우고 있습니다. 자라나는 아이들에게 사는 것을 배우게 하는 가장 좋은 방법은 무엇일까요? 그것은 아마도 우리나라가 낳은 조상들 중에서 훌륭한 업적을 이룩하신 역사적 인물들을 배우고 그 인물들을 통해서 그들의 애국심과 남다른 인격을 본받는 것입니다. 지금까지 어린 아이들을 대상으로 하는 위인전은 많이 있었지만 이번에 발간한 인물 이야기처럼 이제 막 인격이 성숙하기 시작하는 초등학교 고학년에서부터 사춘기에 이르는 중학생을 상대로 한 인물 역사책은 거의 없었던 것으로 알고 있습니다. 사실 이런 책들은 역사를 인식하고 역사적 인물을 이해할 수 있는 연령을 대상으로 하였을 때, 비로소 그 빛을 볼 수 있다고 생각합니다.

꼭 알아야 할 역사적 인물을 선정해서 발간하는 이 책은 우리 아이들에게 무한한 자부심과 희망과 꿈을 키워 줄 것입니다.

그리고 이 책은 역사학자들의 철저한 감수와 고증을 거쳐 역사적 사실이 흥미 위주로 과장되거나 주관적인 해석으로 왜곡되지 않고 정확하게 전달되도록 온 힘을 기울였습니다.

존경하는 인물을 한 사람 가슴에 품고 자라난 아이들은 가슴 속에 하나의 등대를 갖고 있는 항해사와 같습니다. 아이들의 먼 인생 항로에서 언제나 꺼지지 않는 등불이 되어 절망과 역경에 이르렀을 때도 그 앞길을 밝혀 주는 희망의 등불이 될 것입니다.

자라나는 아이들은 미래의 희망입니다. 그들에게 사는 것을 가르치기 위해서는 아이들이 살아갈 조국, 내 나라 내 땅을 위해 땀과 피와 목숨을 바친 훌륭한 역사적 인물들의 씨앗을 우리 아이들의 가슴 속에 뿌려 주는 일일 것입니다. 그 씨앗은 아이들 가슴 속에서 무럭무럭 자라나 마침내 아름다운 꽃과 무성한 열매를 맺게 될 것임을 저는 의심치 않습니다.

이어령 전 문화부 장관

지은이의 말

 약산 김원봉을 잘 아는 사람은 거의 없다. 그도 그럴 것이 그의 항일 무장 독립 투쟁이 북한 공산당에 동조하여 공이 가려졌기 때문이다. 그는 북한에서 국가 검열상과 마지막으로 노동상(노동부 장관)을 지냈기 때문이다. 남한에서는 월북 공산주의자이기 때문에 이름조차 들먹이지 못하게 했다. 그러니 그의 이름이 잘 알려지지 않을 수밖에 없었잖은가? 약산 김원봉의 이름은 1980년대에 와서야 국정 교과서에 한 번 실렸다. 역사의 뒤안길에 사라졌던 그가 1980년대에 들어와 알려졌다는 것은 때늦은 감이 없지 않다. 그래서 그의 독립 투쟁의 업적을 널리 알려야 할 때가 되었다고 본다.
 김원봉은 호가 약산이며, 조선 민족 혁명당 총서기, 조선 의용대 대장, 한국 광복군 부사령관, 한국 임시 정부 군무부장, 의열단 단장 등을 지낸 항일 투쟁의 독립 운동가이다.
 김원봉은 독립 운동의 방법으로 무력 폭력 투쟁의 길을 택했다. 국내에서 일어난 일본 요인 암살과 일본의 주요 기관 시설 파괴 등은 김원봉이 이끌던 의열단원들이 벌인 일이었다. 그의 항일 무장 독립 투쟁은 일본인들의 간담을 서늘케 했다. 의열단이라는 말만 들어도 일본인들은 벌벌 떨었다고 했다. 그의 목표는 첫째도 독립 투쟁, 둘째도 독립 투쟁이었다. 자나 깨나 독립 투쟁이요, 조국 광복이었다.

　조국은 광복되었지만 그의 조국은 통일되지 못하고 남북으로 갈라져 버렸다. 그가 바라던 꿈은 아니었다. 아니 온 민족이 바라던 것은 절대 아니었다. 냉전 시대의 산물은 이렇게 우리 민족에게 일제 식민 통치만큼이나 고통을 안겨 주었다.

　우리는 민족 정기를 드높이기 위해서도 이제 민족 해방을 위해 투쟁한 독립투사들을 바르게 알아야 할 때가 왔다. 약산 김원봉의 독립 투쟁의 크나큰 업적만은 사실대로 알리도록 노력해야 하지 않을까?

권태문

차례

추천사 4
지은이의 말 8

1. 애국심에 불타는 소년 12
2. 중국 대륙을 방황하며 28
3. 폭력 투쟁에 앞장서다 37
4. 의열단 조직 47
5. 조선 혁명 선언 65
6. 불길로 번져 가는 폭력 투쟁 78

7. 황푸 군관학교 생도　　　　　　90
8. 희망과 좌절의 북벌　　　　　　100
9. 장제스의 국민당과 손잡고　　　116
10. 민족 혁명당 결성　　　　　　127
11. 깃발을 높이 든 조선 의용대　　136
12. 임시 정부에 참여하다　　　　152
13. 아 ! 해방　　　　　　　　　　163
14. 한만 쌓이는 조국　　　　　　173

1. 애국님에 불타는 소년

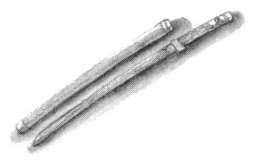

　소년 김원봉의 눈은 점점 일본에 대한 적개심으로 불타올랐다.
　"나는 어디까지나 왜놈들과 싸우겠다. 싸우고 또 싸워서 기어코 나라를 찾고야 말겠다."
　소년 김원봉의 마음속엔 늘 이 생각으로 꽉 차 있었다. 아니 마음속으로 굳게 맹세하곤 하였다.
　소년 김원봉은 1898년 8월 13일에 경남 밀양시 부북면 감천리 57번지에서 아버지 김주익과 어머니 월성 이씨 사이에서 장남으로 태어났다. 이 감천 마을은 예부터 냇물이 달다 하여 붙인 이름이라고 전해져 내려오고 있다. 집안은 논밭을 소작 주는 정도로 그리 가난하지 않았다. 소년 김원봉은 남부럽지 않은 환경에서 부모님의 사랑을 한 몸에 받고 자랐다. 이때 이미 우리나라에 야수 같은 일본의 침략의 발톱이 뻗쳐 오고 있었다. 뜻있는 사람들은 기울어져 가는 나라를 걱정하고, 나라 바로 세우는 데 앞장을 서는 사람들이 늘어났다. 소년 김원봉의 가족도 그 하나였다. 고모부 황상규는 마산에 창신 학교, 밀양에 고명 학교를 세워 애국 계몽 운동을 실천한 선각자였다. 이로 미루어 보아 소년 김원봉의 집안은 일찍부터 개화의 눈이 떴다.

또한 밀양은 조선 시대의 유학자 변계량, 김종직을 배출한 선비의 고장으로 유명하며, 곧은 절개를 숭배하는 정신이 강하게 서려 있는 고장으로 널리 알려져 있다. 임진왜란 때 승병을 이끌고 일본 군대를 무찔렀던 사명대사의 고향이기도 하다. 이렇게 애국심이 강한 밀양에서 자란 소년 김원봉의 남다른 애국심은 결코 우연만은 아니었다.

우리나라는 1905년에 일본의 강압에 무릎을 꿇고 을사보호조약을 맺어 마침내 외교의 자주권을 빼앗기고 말았다. 우리나라는 일본의 식민지가 되었으니 온 국민들은 울분에 싸여 분을 삭이지 못하고 있었다. 이해에 고종 황제는 일본에 의해 강제로 황제의 자리에서 물러났고, 우리나라의 군대는 해산되었다. 우리나라(대한제국)는 껍데기 뿐, 우리나라 국민은 나라 없는 식민지 백성이 되었다.

우리나라 국민들의 일본에 대한 항거는 끊일 줄 모르게 불붙어 전국으로 퍼져 나갔다. 전국 곳곳에 의병들이 일어났으며, 1908년에 장인환, 전명운 의사가 미국에서 일본의 우리나라 침략을 찬양하던 스티븐스를 총살하였다. 또 1908년에 만주 하얼빈 역에서 안중근 의사가 우리나라 침략의 원흉인 이토 히로부미 총독을 총살하였으며, 같은 해 이재명 열사는 매국노 이완용을 서울에서 칼로 찔러 상처를 입혀 국민의 의기를 드높였다.

밀양은 지리적으로 부산에서 엎어지면 코 닿을 거리에 있는 아주 가까운 곳이다. 다른 지방보다 앞서서 일본인들이 많이 밀양으로 몰려들었다.

"일본 놈들이 왜 우리 밀양에서 설치고 다녀. 그건 말이 안 돼."

소년 김원봉은 나막신을 딸깍거리며 거리를 쏘다니는 일본인들을 볼 때마다 자신도 모르게 주먹을 뿔끈 쥐곤 했다. 일본에 대한 증오심이 강하게 쌓이기 시작했다. 여기에다 소년 김원봉에게 철저히 일본을 반대하는 사상을 북돋워 준 사람은 고모부 황상규와 밀양의 사립 동화중학 교장 전홍표였다. 소년 김원봉은 1905년에 서당에 입학하였다가 1908년에 보통학교 2학년에 편입하였다. 그때 나이 11살이었다. 이 학교가 고모부 황상규가 세운 마산의 창신 학교였다. 마산엔 다른 어느 지방보다 일찍 개화의 눈을 뜬 곳이라 부근의 지방에서 신식 학문을 배우고자 하는 사람들이 몰려들었다. 소년 김원봉은 1910년 13살 때 동화중학 2학년에 편입하였다.

"우리가 목숨이 있는 동안은 강도 일본과의 투쟁을 게을리할 수 없다. 미래는 너희들의 것이다. 너희들이 크게 떨쳐 일어나지 않고 누가 조국 광복의 큰일을 이룰 것이냐?"

전홍표 교장 선생님은 날마다 시간마다 학생들 마음에 이렇게 애국심을 불붙였다.

'나는 기어코 교장 선생님의 뜻을 받들어 나라를 다시 찾겠습니다.'

소년 김원봉은 교장 선생님의 훈화를 들으면서 마음속으로 맹세하곤 했다. 김원봉의 동화 중학교 생활은 그리 오래 가지 못했다. 소년 김원봉이 동화 중학교에 편입하던 해 8월 29일, 형식상으로 남아 있던 우리나라 대한제국도 멸망하고 일본의 완전한 식민지가 되고 말았다. 이젠 나라 이름도 땅도 다 일본의 것이 되고 말았다. 세계에서 우리나라 '대한제국'이라는 이름을 쓰지 못하게 되었고, 학교에서는 태극기 대신 일본의 국기인 일장기가 걸리게 되었으니 어찌 통탄할 일이 아닌가. 일본의 탄압은 날로 심해 갔다. 애국심을 불러일으키는 전홍표 교장 선생님을 눈엣가시처럼 생각해 오던 일본은 마침내 동화 중학교의 문을 닫게 했다. 학교가 재단 법인이 아니라는 구실로 폐쇄 명령을 내린 것이다. 학교가 있어야 학생이 있지 않겠는가? 소년 김원봉의 동화 중학교 생활도 저절로 끝나고 말았다.

"어떻게 이럴 수가 있는가?"

소년 김원봉은 나라 잃은 설움과 일본에 대한 분노로 이글이글 타올라 어찌할 바를 몰랐다. 비통한 마음을 지울 길이 없었다.

"우리 학교가 재단 법인이 아니라는 트집으로 폐쇄되고 말았다. 돈만 있으면 학교는 다시 열 수 있다. 오직 내 손으로 돈을 만들어 학교를 다시 열어 보자."

소년 김원봉은 그날부터 밥 먹는 것도 잊고 알 만한 사람들을 찾아 고을 안을 돌아다녔다. 분주히 뛰어다닌 보람이 있어 십여 일 만에 80원의 돈을 마련하였다. 소년 김원봉에겐 80원은 아주 큰돈이었다. 소년 김원봉은 기쁜 마음으로 한걸음에 80원의 큰돈을 지니고 교장 선생님에게로 달려갔다. 기쁘고 자랑스러운 마음으로 교장 선생님에게 돈을 내밀었다.

"80원의 돈으로는 재단 법인을 세우기에는 턱없이 모자란다. 아니 이 돈으로 세울 수 있다고 해도 우리가 이 학교에서 일본 놈들을 미워하는 것을 배우고 그놈들과 싸울 것을 논의하는 이상 일본 놈들은 한 번 내린 폐쇄 명령을 철회하지는 않을 것이다. 달걀로 바위치

기와 다를 바 없다."

전홍표 교장 선생님은 사랑스러운 어린 제자가 책상 위에 놓은 돈을 보면서 마음은 슬펐다. 한숨만 내쉬었다.

"교장 선생님! 그렇지만……."

소년 김원봉은 말끝을 맺지 못하였다.

"원봉아! 훗날을 기다려 보자. 앞으로 뚫고 나갈 길이 있을 거다."

전홍표 교장 선생님은 소년 김원봉의 손을 꼭 잡고 위로하였다. 소년 김원봉은 눈물을 머금고 교장 선생님 앞을 물러났다.

"이 일을 어떻게 풀어 나갈까?"

소년 김원봉은 깊은 생각에 빠져 나날을 보냈다. 앞이 보이지 않는 캄캄한 어둠만이 도사리고 있기만 했다. 아니 캄캄한 굴속으로 자꾸만 들어가는 듯했다.

"여기서 이렇게 아무 뜻 없이 세월을 보낼 수는 없다."

소년 김원봉은 생각을 거듭한 끝에 서울로 올라가기로 했다. 그때 서울에는 김원봉의 할머니의 언니 되는 분이 드나드는 대갓집이 있었다. 그 집에서 묵으면서 학교에 다니기로 생각했다.

"뜻있는 이들은 모두 고생을 하면서 빼앗긴 국토와 잃어버린 주권을 도로 찾으려고 밤낮으로 애쓰는데, 이들은 크고 좋은 집에서 수많은 종을 거느리고 날마다 잘 입고 잘 먹으며 잘도 지낸다."

김원봉은 한 번 들러 본 그 대갓집이 마음에 들지 않아 발길을 되돌렸다. 가슴 속에서는 오히려 분노만 들끓고 치솟았다. 소년 김원봉은

큰 실망을 느꼈다.

"이렇게 썩어빠진 생각을 가지고 어떻게 나라를 다시 찾겠는가?"

소년 김원봉에겐 서울이 마음에 들지 않았다. 서울 구경도 제대로 하지 않고 다시 고향 밀양으로 내려왔다. 일본의 침략으로 백성들은 고통을 받고 있는데 일부 부유층은 그와는 관계없이 잘 먹고 잘 살고 있는 것이 못마땅했다. 나라와 백성들의 고통은 그들의 눈엔 보이지 않았다. 오직 그들은 편안한 생활을 즐길 뿐이었다. 일본을 가까이하는 친일파들이 바로 그들이다. 일본은 친일 귀족에게 작위를 주고 많은 재산을 주어 일본의 편을 만들었다. 또 세력 있는 양반들도 돈으로 매수하였다. 백성들의 마음을 이렇게 이간시키고 끝내는 민족 반역자만 자꾸 만들어 냈다.

고향으로 내려온 소년 김원봉은 집에서 머무르지 않고 표충사에 들어가 생활하였다. 표충사는 집에서 오십여 리 떨어져 있는 절이며, 사명대사의 공을 기리기 위해 절 안에 사당을 세웠다. 사명대사는 임진왜란 때 승병을 이끌고 왜군을 물리쳤으며 전쟁이 끝난 후에는 직접 일본으로 건너가 우리 동포를 구출해 온 우리나라의 위대한 승려이다. 표충사엔 사명대사가 쓰던 칼이 보관되어 있어 그때 사명대사의 우국심과 애국심의 한 모습을 볼 수 있다. 김원봉은 사명대사의 나라 걱정, 나라에 대한 충성스러운 마음이 녹아 내리는 거라고 여기기도 한다.

소년 김원봉은 표충사에서 1년을 머물렀다. 사명대사의 나라 사랑,

나라에 충성하는 정신을 깨치며 날마다 〈손자병서〉, 〈오자병서〉를 읽으며 마음을 달랬다. 〈손자병서〉와 〈오자병서〉는 훗날 독립군 작전 활동에 아주 유익한 책이 되었다.

"조국 광복의 큰일을 하자면 강한 힘이 있어야 이룰 수 있다."

소년 김원봉은 병서를 읽으면서 강한 힘을 일으켜야만 된다고 굳게 믿기 시작했다.

"일본의 총칼에는 총칼로 맞서서 싸우는 길이 제일 빠른 길이다. 강력한 무기와 강한 군대만이 이 나라를 되찾는 데 필요한 길이다."

독서에 지치면 김원봉은 곧잘 절 밖으로 나가서 동네의 청년들을 모아 석전(돌싸움) 놀이를 시키면서 놀았다. 두 패로 나누어 석전 놀이를 하는 모습은 꼭 군대의 전투 장면과 같았다. 또 추운 한겨울에 감천에 나가서 얼음을 깨고 목욕을 하여 심신을 단련하였다. 또한 이른 아침이면 종남산 꼭대기까지 뛰어 올라가 체조도 하면서 의지를 불태웠다. 자신의 의지로 어려움을 헤쳐 나가고자 했으니 김원봉의 의지가 얼마나 굳은지를 알 수 있는 하나의 모습이기도 하다. 스스로 극기 훈련을 하면서 심신을 단련시켰다.

해가 동쪽에서 떠오를 때면 배에 온 힘을 넣어 소리 높여 외치기도 했다.

"대한 독립 만세."

소년 김원봉은 크게 만세를 불렀다. 그 만세 소리는 허공을 가르며 쓸쓸히 메아리가 되어 되돌아오곤 했다. 김원봉의 가슴은 그래도 후

련해지지 않았다.

"저 애가 저러다가는 큰코다치겠는걸. 일본 순사나 헌병이 들으면 그냥 안 둘 거야. 우리가 가서 말려야지."

동네 어른들이 소년 원봉이를 붙들러 가면, 김원봉은 어느새 저쪽 산에 가 있었다. 다시 그쪽으로 가면 다시 건너편 산에 가 있었다. 동에 번쩍 서에 번쩍 김원봉은 퍽이나 재빨랐다. 어른들은 김원봉을 좀처럼 잡을 수 없었다. 소년 원봉이가 축지법을 쓴다고들 했다. 그만큼 걸음걸이가 빨랐다. 또 이런 이야기도 전해지고 있다.

"똥파리 김원봉."

일본 헌병들이나 순사들은 김원봉에게 이런 별명을 붙였다. 그때 밀양 사람들도 그렇게 믿는 사람들이 많았다. 언젠가 김원봉이 어느 집 안방에 있다는 정보를 들은 일본 형사들이 들이닥쳐 방문을 열었다. 그런데 김원봉은 온데간데없고 똥파리 한 마리가 날아왔다고 한다. 이때 김원봉이 둔갑술을 써서 똥파리가 되었다고 믿었다. 똥파리라는 별명이 이렇게 해서 붙여졌는데, 여간해서는 일본 형사들에게 붙잡히지 않음을 두고 하는 말이었다.

"원봉이는 큰 인물이 되고도 남을 거야. 벌써부터 보통 소년이 아니지. 될성부른 나무는 떡잎부터 알아본다고, 원봉이가 그래. 나라의 큰 기둥이 될 거야."

밀양 사람들의 칭찬은 입에서 입으로 오르내렸다. 소년 원봉이가 자랑스럽기만 했다.

김원봉은 끝내 고향 밀양에서 머물지 않았다. 큰 고기는 큰물에서 놀아야 한다는 말이 있다. 소년 김원봉은 밀양에서 썩을 인물이 아니었다. 1915년에 두 번째로 서울에 올라가 중앙 학교에 입학하였다. 중앙 학교는 지금의 고려대학교의 전신이다. 그때 교장은 얼마 전 황성신문의 주필이었던 류근이었다. 나라를 빼앗긴 을사조약 직후 '시일야방성대곡'이라는 사설을 쓴 사건으로 장지연 주필의 후임으로 주필이 되었으며, 한때 사장이 되기도 하였다. '시일야방성대곡'은 나라 빼앗긴 것이 원통해서 목 놓아 통곡한다는 내용의 사설이다. 백성들의 비통한 심정을 토로한 명사설이었다. 이 사설로 백성들의 일본에 대한 적개심은 한층 더 불붙기 시작했다. 온 나라가 독립의 열기로 가득 찼다. 중앙 학교는 전국의 구국 계몽 운동가들이 민족 독립의 후진을 양성하기 위해 경영하는 학교였다. 김원봉의 나라 사랑하는 마음이 불같이 일어나게 된 것은 이런 애국지사의 기질을 가진 교장의 영향이 절대로 컸다.

류근 교장은 학생들의 소풍지로 강화도를 택했다.

"이곳은 옛 단군 성조께서 나라를 여시고 하늘에 제사 지내셨으며, 온 백성에게 '홍익인간'의 이념을 펼치신 성스러운 터전이다. 그때 이곳은 '갑비고차'라 이름 하였으며, 오늘날에도 이 마리산에서 단군 성조의 개국 정신을 기리며 제사를 올리고 있다. 마리산은 우두머리 산, 즉 으뜸 가는 산이라는 뜻이다. 일본은 우리의 신성한 마리산을 마니산이라고 저희들 멋대로 고쳐 부르고 있으니, 도둑질도 이런 도둑질이 또 어디에 있는가? 단군 성조의 성스러운 터전에서 여러 학생들은 옷깃을 여미며 단군 성조의 정신을 되새겨 보아야 할 것이다."

류근 교장 선생님은 학생들에게 단군 설화를 얘기하면서 목이 메기도 했다. 학생들은 그제서야 나룻배를 타고 강화도에 소풍 온 까닭을 깨닫게 되었다. 교장 선생님의 말씀에 학생들은 모두 울고 말았다. 김원봉도 울음을 삼키면서 유구한 역사를 가진 우리나라와 찬란한 문화를 가진 우리 민족이 어찌하다가 이 모양 이 꼴이 되었는지 생각하니 그저 목이 멜 뿐이었다. 나라를 잃고 나라를 찾을 방향마저 세우지 못하고 표류하던 그때 김원봉은 단군 신앙으로 고난을 헤쳐 나가려고 마음먹기도 했다.

김원봉은 웅변을 잘하였다. 김원봉이 열변을 토하면 학생들은 정신을 그에게 빼앗기곤 했다. 교내 웅변 대회에서 남보다 뛰어나게 열변을 토해 전교에서 웅변 잘하는 학생으로 유명해졌다.

"사회 발전은 종교에 있느냐? 교육에 있느냐? 나는 교육에 있다고 주장한다."

웅변의 내용은 이것이었다. 많은 청중인 학생들에게 김원봉의 웅변은 깊은 인상과 감명을 주었다.

"우물 안 개구리처럼 학교 안에서 맴돌아 봤자 얻는 것이 무엇이 있겠느냐?"

김원봉은 학교 밖으로 눈을 돌려 보기로 하였다. 나라 안의 명승지를 돌아보는 것도 산 교육의 체험이라고 느낀 김원봉은 무전여행을 떠났다. 김원봉이 짊어진 바랑 속엔 몇 권의 책만 들어 있을 뿐이었다. 김원봉은 백두대간의 지리산, 계룡산을 올랐고, 신라의 서울 경주와 백제의 서울 부여를 둘러보기도 했다. 조국 강산의 자연과 유구한 역사를 몸소 체험하는 일은 매우 유익한 일이다.

"학생, 나이가 얼마나 되었어?"

"열일곱 살입니다."

"참 장하군. 그래 이름이 뭐지?"

"밀양 사는 김원봉이라고 합니다. 명승지를 돌아다녀 보며 참 나라 생각하는 일이 뭔지, 또 선조들의 슬기가 뭔지를 몸소 체험하며 배우려고 합니다."

"어린 학생으로 그렇듯 장한 뜻을 품었다니 참으로 고마운 일이지. 학생 같은 이들이 있으니 마음 든든하군. 암, 학생 같은 이들이 있는 한 반드시 빼앗긴 나라를 되찾을 수 있을 거야."

어디서나 사람들은 김원봉을 문전 박대하지 않았다. 김원봉의 장한 뜻에 한편 놀랐고, 그 뜻에 감동하여 성심성의껏 대접하는 일이 많았다. 그러나 논산에서의 일은 너무도 충격적이었다. 김원봉에게는 너무나 쓰라린 경험이 아닐 수 없었다. 그곳은 어쩐 일인지 찾아가는 집마다 잠자리를 거절당했다.

"같은 민족인데도 민심은 이렇게 다르구나. 이렇게 되어 간다면 우리 민족은 분열되고 말 거다. 민족 정신을 집결시키는 일도 매우 급한 일이다."

김원봉은 이렇게 생각하며 할 수 없이 노숙을 하게 되었다. 아마 친일 앞잡이라는 의심을 받았는지도 몰랐다고 김원봉은 껄껄 웃었다고 한다.

김원봉의 여행은 뜻이 있었다. 부산의 김칠성, 영주의 강택진을 사귀는 일이었다. 이런저런 이야기를 나누면서 서로 뜻이 맞게 되었다. 이로써 김칠성과는 훗날 독립 투쟁의 동지가 되어 함께 만주 벌판을 누비는 계기가 되었다.

2. 중국 대륙을 방황하며

나라 안에서는 김원봉의 큰 꿈을 키울 수가 없었다.

일본은 총칼로 우리 나라 사람들의 입을 틀어막고 눈을 막아 완전히 노예로 만들었다.

"이러고 있어서는 안 된다. 가만히 있으면 누가 나라를 다시 찾아 준다고 하더냐? 용감히 일어서야 한다."

김원봉의 주위에서는 민족 해방 운동에 뛰어드는 사람이 많았다. 어떤 사람들은 대동 청년단을 조직하고, 또 어떤 사람들은 이합사를 조직하여 독립 운동에 나섰다. 더러는 학교를 창설하여 신교육을 통한 국민 정신 교육에 정열을 쏟기도 했다.

"대한 광복회가 조직되었단다."

김원봉에겐 눈에 번쩍 띄는 일이 아닐 수 없었다. 1915년에 풍기의 광복단과 대구의 조선 국권 회복단이 통합해서 국내 최대의 독립 운동 단체인 대한 광복회가 결성되었다. 총사령 박상진과 부사령 이석제 그리고 김원봉의 고모부 황상진이 창설자였다.

"조국 광복을 위해서는 비밀, 암살, 폭동 등 모든 수단을 동원해야 한다."

김원봉의 고모부 황상진은 얼마 전 중국에 가서 신해혁명 상황을 직접 살펴보고 와서 이렇게 역설하고, 이를 실천하고자 대한 광복회의 조직원이 된 것이다. 대한 광복회는 1917년 11월에 경북 칠곡의 악명 높은 대지주 장승원을 살해하고, 그 이듬해 1월에 충남 아산의 도고면장 박용하를 살해하였다.

이 사건으로 대한 광복회의 정체가 드러나 총사령 박상진이 체포되어 대구 감옥에서 처형당하고, 김원봉의 고모부 황상규는 국내 활동의 어려움을 뼈저리게 느꼈다. 황상규는 활동 무대를 중국으로 옮기기로 결심하고 망명의 길을 떠났다. 김원봉의 주변에서는 고모부 황상규가 중국으로 떠난 최초의 사람이 되었다.

"고모부! 저도 중국으로 따라가면 안 됩니까?"

중국으로 떠나는 고모부를 졸라 보기도 한 김원봉이었다.

고모부의 웅대한 꿈을 익히 알고 있는 김원봉은 고모부가 허락해 주기를 바랐다.

"너는 아직 어려. 네가 활동하기엔 중국 대륙은 너무 넓고 험난해. 내가 먼저 중국에 가서 터를 닦아 놓고 연락하마. 그때까지 꾹 참고 뜻을 가꾸며 때를 기다려라."

김원봉은 훗날을 기약하고 고모부와 작별을 했다.

"몇 명의 탐관오리와 친일 지주들을 암살하는 것으로는 절대로 조국 광복을 바랄 수 없다. 오직 무력 투쟁뿐이다."

김원봉은 비밀 결사 단체들의 운동에 회의를 품기 시작했다.

"강력한 무력 투쟁을 함으로써 비로소 우리의 강도 일본의 굴레를 벗어나 완전한 자주 독립 국가가 될 것이다."

김원봉은 이런 생각을 굳게 간직하고 기회가 오기를 간절히 기다렸다. 그러나 김원봉에게는 초조한 나날이 아닐 수 없었다.

"나 혼자라도 떠나야겠다."

김원봉은 혼자 중국 망명길에 오르기로 결심하였다. 드디어 김원봉은 1916년 10월 19세의 나이로 고국을 떠나 망명길에 올랐다.

"나의 앞길은 멀고먼 고난의 길이다. 언제 돌아올지 기약 없는 길이 아닌가? 또 내가 가는 길엔 반겨 줄 사람도 없다."

김원봉은 국경을 넘으면서 많은 고뇌 속에 빠졌다. 그러나 이미 택한 망명의 길을 되돌리기는 싫었다.

'나라의 자주 독립.'

김원봉의 원대한 꿈은 바로 이거였다. 이를 실현하기 위해 몇 밤, 몇 날을 고뇌에 빠졌던가?

김원봉은 국경을 넘으면서 주먹을 불끈 쥐었다.

"나라의 독립을 이루지 못하면 돌아오지 않으리라."

국경을 넘은 김원봉은 중국 톈진에 첫발을 내디뎠다. 첫발을 디딘 톈진은 이국 냄새가 물씬 풍겼다. 눈앞에 펼쳐지는 톈진의 풍경은 모두가 새로웠다. 다른 나라에 왔다는 생각밖에 없었다. 혀 꼬부라진 소리 같기도 하고 거센 듯하기도 하면서도 부드럽게 이어지는 중국말이 더욱 그런 생각을 하게 했다. 정말 낯설게 느껴졌다. 며칠을 혼자 텐진 시내를 걸으며 시가지 지리를 익혔다. 김원봉은 텐진에 있는 덕화학원에 입학하여 독일어를 배우기로 하였다.

"나라의 독립을 이루기 위해서는 하루빨리 군대를 조직하여 훈련을 해야 한다. 그런데 군대를 양성하기 위해서는 먼저 자기 자신이 군사학을 알아야 한다. 지금 세계에서 가장 강력한 군대를 가지고 있는 나라는 독일이다. 독일로 가서 공부하는 것이 바람직하지만 현재 내 사정은 그렇지 못하다. 그러니 여기 덕화학당에서 독일어를 공부하는 길뿐이다. 독일어를 알아야 한다."

김원봉의 공부에 대한 목표는 너무도 뚜렷하였다. 덕화학원은 독일인이 경영하는 학교였다. 독일어를 공부하는 곳으로 알맞은 학교였다. 김원봉은 중국어도 배우기로 하였다. 중국을 무대로 독립 운동을 펼치자면 중국인처럼 중국말을 잘해야 일본 경찰이나 헌병들의 눈을 속일 수 있기 때문이다. 중국인으로 변장하여 독립 운동을 할 경우가 많다고 김원봉은 생각하였다. 김원봉은 열심히 중국어와 독일어를 공부하였다.

"여름방학엔 고향이나 다녀올까?"

김원봉은 고향이 눈에 어려 왔다. 고향에 가 보고 싶은 생각이 불쑥 일어났다.

1917년에 여름방학을 이용하여 고국으로 돌아갔다. 돌아오는 길에 안동(단둥)현에 들러 광복회원인 손일민, 김좌진 등을 만났다.

"김 동지, 반갑소. 고국에 가서 왜놈들에 대한 국내의 정보를 소상하게 알아 오세요. 나라의 독립은 김 동지의 어깨에도 달려 있지 않소?"

김좌진은 김원봉을 반갑게 맞이하면서 이렇게 말하였다. 김좌진은 훗날 독립군을 이끌고 만주 청산리에서 일본군을 무찌른 장군이다. 김원봉은 김좌진과 헤어져 고향으로 돌아왔다.

"왜놈들의 횡포가 이토록 심하다니……."

김원봉의 눈에 비친 고향의 모습은 너무도 비참하였다. 고향 사람들은 왜놈들의 종이나 다름없었다. 김원봉의 반일 감정은 더욱 차곡차곡 쌓여만 갔다.

"덕화학원이 문을 닫았다고?"

김원봉의 귀에 청천벽력 같은 소식이 들려왔다. 덕화학원이 문을 닫게 되고 독일인은 모두 중국에서 추방당하였다고 했다. 중국이 연합군 쪽에 가담하여 독일에 선전 포고를 하였기 때문에 독일은 중국에 대한 적이 되었기 때문이다. 김원봉은 할 수 없이 1년여 간 고국에서 눌러 지내지 않으면 안 되었다. 김원봉에게는 가뭄에 단비 얻듯 함께 뜻을 같이할 동지 하나를 얻었다. 경남 동래군 기장면 출신의 김두전이었다. 그는 도쿄의 정칙 영어 학교에 다니다가 고국에 돌아와 있었다.

"김 동지, 나와 함께 해외로 나가 큰일을 합시다."

김원봉의 설득에 김두전은 흔쾌히 응했다. 그리고 이명건도 함께 참여하였다.

"자, 우리 세 사람은 친형제와 같이 된 사이이니 부르기 좋은 호를 만드는 게 좋겠소."

김원봉의 말에 모두 찬성하였다. 세 사람은 산, 물, 별 등 자연의 이름에다 같을 약(若) 자 혹은 같을 여(如) 자를 앞에 붙여 호를 정하였다. 김원봉은 약산, 김두전은 약수, 이명건은 여성으로 호를 지었다. 그후로 이 세 사람은 본 이름보다 호를 즐겨 불렀다.

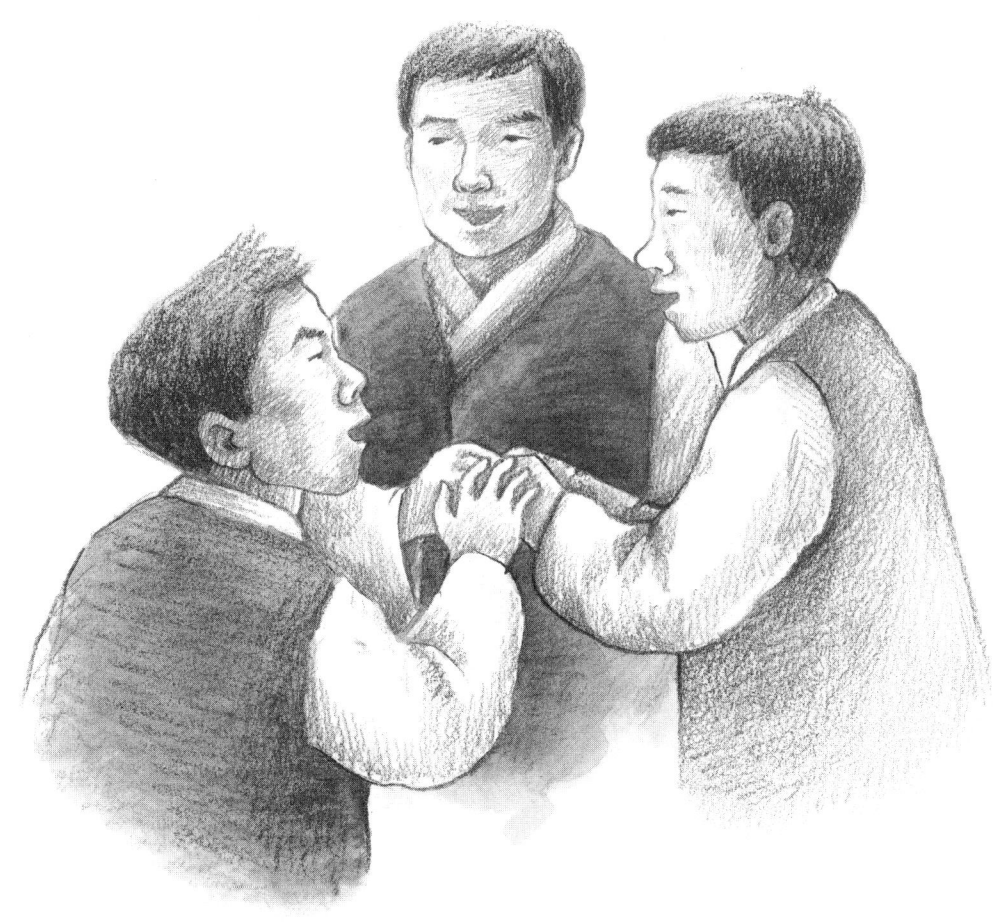

1918년에 세 사람은 서울을 떠나 중국의 난징으로 갔다. 거기서 진링 대학에 입학하였다. 난징의 진링 대학은 미국인이 경영하는 기독교 계통의 학교로 학생 수는 전체 600여 명 정도였다. 애국지사요 독립투사인 몽양 여운형도 이 진링대학에서 영어과에 입학하여 공부하고 졸업하였다. 그만큼 유명하였다. 김원봉, 김두전, 이명건 세 사람은 진링대학에서 영어를 배웠다.

"나는 결코 독일 유학을 포기하지 않을 거야."

김원봉은 진링대학에서 공부하면서도 계속 독일 유학의 꿈에 부풀어 올랐다.

"군대의 신 전술을 익혀야 되고, 신무기 제조법도 알아야만 된다. 나는 그 뜻을 끝까지 펼쳐야 한다. 절대로 포기할 수는 없지."

김원봉은 독일 유학의 뜻은 바로 조국의 독립과 이어져 있다고 생각하였다.

3. 무력 투쟁에 앞장서다

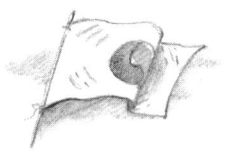

　제1차 세계 대전이 끝났다. 전쟁의 끝남은 약소 민족에게 큰 희망을 주었다. 미국 윌슨 대통령의 민족 자결주의 선포가 바로 그것이었다.

　1. 식민지 인민의 요구를 존중할 것.
　2. 모든 국가는 정치적 독립과 영토 보존을 서로 존중할 것.

　이와 같은 내용은 우리 민족을 더욱 흥분케 했다.
　"우리도 파리 강화 회의에 대표를 파견하여 우리의 독립을 호소하자."
　1919년 2월 김규식을 강화 회의에 참석할 대표로 뽑았다. 여러 나라의 대표들에게 압박받는 민족의 설움을 호소하여 각국의 동정을 얻어 국토와 주권을 되찾고자 하였다.
　"약산! 김규식을 파리 강화 회의에 우리나라 대표로 파견하기로 했다고 하오."
　서병호가 상하이에서 가져온 소식을 들은 김원봉은 그 자리에서 못

마땅한 얼굴로 한 마디 했다.

"나라가 망하느냐 흥하느냐가 달린 큰 문제를 외국인에게 호소하여 그들의 결정에 따른다니 될 말이나 하오? 그런 일은 할 일도 아니고 해서도 안 되는 일이오."

김원봉의 반대도 일리가 있었다. 자주적으로 해결해야 된다는 쪽이었다.

"약산의 말을 들으니 일리가 있는 듯하오만……."

서병호는 말끝을 흐리며 난처한 얼굴을 했다.

"지금 파리 강화 회의에 모이는 무리들은 모두 다 자본주의 사회와 제국주의 국가를 대표하여 나선 사람들이 아니오. 전쟁에 이긴 전승국의 권위와 오만으로 배상금을 결정하고 영토를 나누어 가지려는 꿍꿍이속을 왜 모르오? 그들이 저희들의 이권만 챙기는 걸 뻔히 알면서도 그런 일을 해요?"

김원봉은 상하이 임시 정부를 신임하지 않았다.

상하이 임시 정부는 대한민국 임시 정부라고도 한다. 국내의 1919년 3·1 운동이 일어난 후, 같은 해 조국의 광복을 위해 임시로 중국 상하이에서 조직하여 선포한 정부다. 대한민국의 망명 정부였다. 임시 정부의 각료로는 의정원 의장에 이동녕, 국무총리에 이승만, 내무총장에 안창호, 외무총장에 김규식, 법무총장에 이시영, 재무총장에 최재형, 군무총장에 이동휘, 교통총장에 문창범이었다. 임시 정부는 훗날 김구가 주석이 되어 강력한 지도력을 발휘했다.

"망명 정부에 대해 어느 나라가 두터운 신임을 가지겠는가?"
김원봉은 처음부터 임시 정부에 대한 기대를 걸지 않았다.
김원봉은 김두전·이명건과 앞으로의 투쟁 방향과 나아갈 길을 깊이 상의하였다.

1. 서간도로 가서 군대를 조직한다.
2. 상하이에서 잡지 〈적기〉를 발간한다.
3. 파리 강화 회의에 자객을 파견한다.

이렇게 투쟁 방향을 정하고 김두전이 먼저 지린으로 가고 김원봉과 이명건이 뒤늦게 1919년 2월에 지린으로 출발하였다. 김원봉의 주체적인 사상이 여기에서 잘 드러나 있다고 볼 수 있다. 외국의 세력을 등에 업고 조국의 독립을 얻을 생각은 추호도 없었다.

"오! 드디어 독립의 봉홧불이 올랐구나. 이제 독립의 불길이 지펴졌다. 이 불길을 누가 끌 수 있으랴."

펑텐(봉천, 오늘의 선양)으로 가던 도중 지난에서 들려온 소식은 김원봉에게는 가슴을 주체하지 못할 만큼 벅찬 감격이었다. 국내에서 동포들이 일본 제국주의에 반항하여 일제히 들고일어났다. 참고 참았던 민족의 함성이었다.

"우리가 왜 남의 노예인가? 반만년 유구한 역사를 가진 자랑스러운 민족이 아닌가? 이제 우리는 스스로 독립국이라는 사실을 세계 만방에 알리고 일본 침략자들을 몰아내고 세계 여러 나라와 어깨를 나란히 겨누고 살아가야 한다."

1919년 3월 1일, 서울의 파고다 공원에서 태극기를 흔들며 독립 만세를 불렀다. 이날 파고다 공원에 모인 학생과 일반인은 수천 명에 이르렀다.

"최후의 마지막 1인까지, 최후의 마지막 일각(시간)까지!"

독립 선언서의 공약 3장까지 낭독하고 대한 독립 만세를 소리 높이 외쳤다. 33인의 민족 대표들은 일본 경찰에 끌려가 옥에 갇히기까지 했다. 서울의 3·1 만세 독립 운동은 전국으로 퍼져 나갔다. 서울에서 중소 도시로, 다시 농촌으로 퍼져 나가 3, 4월 내내 전국을 휩쓸었다. 동포들의 저항은 더욱 거세져 면사무소, 주재소, 군청 등 수많은 일본 제국주의의 시설이 우리 동포들의 손에 의해 파괴되었다. 이 3·1 만세 독립 운동으로 우리 동포들이 6천여 명이나 일본 헌병에게 학살을 당했다. 3·1 독립 운동은 폭력에 항거하는 비폭력적인 평화주의를 그 기본 정신으로 삼고 있었다. 죽는 한이 있더라도 독립을 쟁취하겠다는 강한 의지의 표현이었다. 이 3·1 독립 운동은 우리나라의 자주 독립의 의지를 세계에 널리 알린 계기가 되었다.

김원봉은 여성 이명건과 펑텐에서 약수 김두전을 만났다.

"약수! 국내 소식을 들었는가?"

"자네만 귀가 있는 줄 아는가? 내 귀도 늘 열려 있다네."

약수 김두전은 몹시 흥분에 젖어 있었다.

"독립 운동은 국내로 들어가 민중을 기반으로 하여 일을 하는 것이 좋을 것 같네."

김두전이 은근히 김원봉의 뜻을 살펴봤다.

"나도 그렇게 하고 싶은 생각이 드네."

이명건도 김두전과 뜻을 같이했다.

"평화 시위로 얻은 게 무언가? 수많은 우리 동포들의 목숨만 잃었을 뿐 아닌가? 우리의 독립은 무력 투쟁을 통해서만 이룰 수 있는 걸세."

김원봉은 두 사람의 뜻과 달랐다. 열띤 토론을 벌였지만 끝내 합일점을 찾지 못했다.

"우리 두 사람은 이미 뜻을 굳혔네. 고국으로 돌아가 국내 동포들과 함께 독립 투쟁을 할 거야."

이명건과 김두전은 마침내 국내로 돌아가고 말았다.

"그래. 모두의 가는 길이 같을 수는 없지. 고국에 가서 뜻을 펴 꼭 성공하게나."

김원봉은 두 사람과 작별한 뒤 혼자서 의군부가 있는 지린으로 갔다. 1919년 4월에 의병을 재규합하여 조직된 의군부의 주석은 이범윤, 군부장은 김좌진, 중앙 위원은 손일민·황상규였다. 의군부의 세 사람은 김원봉과 이미 알고 있는 사이였다.

"총을 구할 수 있소? 그것도 대량으로."

김원봉은 인사가 끝나기 바쁘게 이 말을 했다.

"글쎄. 지금 형편으로는 어렵겠소. 혹시 연줄이 닿아 마적들에게 교섭을 하면 구할 수 있을지 모르지만……."

의군부의 세 사람은 한결같이 시원치 않는 대답을 했다. 김원봉도 그것은 안 되는 일이라고 생각했다.

"설사 연줄이 닿아 마적과 무기 교섭이 이루어진다고 해도 막상 무기와 돈을 바꾸는 자리에서 마적이 돈을 빼앗고 무기를 안 내어 준다면 어찌할 것인가."

마적 같은 무리에게 신의를 기대하는 것은 그만큼 위험을 안고 있는 것이다. 그렇다고 달리 좋은 방법이 떠오르지 않았다.

"할 수 없다. 군대 육성 계획은 여기서 폐기해야 되겠다."

김원봉은 오랫동안 생각해 오던 군대 육성 계획을 포기했다. 그러나 그것은 단순히 무기를 구할 수 없다는 생각에서 온 건 아니었다.

"총도 있다 하자. 돈도 있다 하자. 그런 돈과 총만 가지고는 군대가 생겨날 수 없다. 우수한 많은 장교와 많은 병졸이 있어야 한다. 그런데 그 군인들을 언제 양성한단 말이냐? 오! 안타깝기 그지없구나. 이러다가 세월은 덧없이 흐르고 일본의 식민 통치 아래서 동포의 정신은 마비되고 말 것이다. 이걸 어쩌나."

김원봉은 이렇게 탄식하며 독립 투쟁의 나아갈 길을 무력 혁명으로 바꾸었다.

"조국과 동포를 위하여 목숨을 아끼지 않는 투사들을 규합하여 일본의 천황과 고관과 관공리를 암살하자. 또한 그들의 시설물을 파괴하자. 동포들의 애국심을 불러일으키고 일본을 배척하는 배일 정신을 고취하여 민중적 폭력 혁명을 일으키도록 하자. 끊임없는 폭력만이 강도 일본의 통치를 쳐부수고 마침내는 조국 광복의 대업을 성취할 수 있을 것이다."

김원봉은 소수의 결사를 조직하여 암살, 파괴 활동을 전개함으로써 동포들의 애국심을 불러일으켜 민중 폭동을 이끌어 내자고 했다. 김원봉은 무력 투쟁의 동지들을 규합하러 다녔다.

1919년 6월경 뜻을 같이하는 몇몇 동지들과 함께 지린을 떠나 서간도로 갔다. 그때 서간도 유하현 삼원보에 신흥 무관학교가 있었다. 이 학교는 이시영과 이회영 형제가 세운 4년제 중학교였다. 이시영은 훗날 광복이 된 뒤 초대 부통령이 된 분이다. 이 학교는 본래 신흥 학교라고 했는데 3·1 운동 후 젊은이들이 이곳으로 많이 찾아오자 학교 이름을 신흥 무관학교라고 바꾸었다.

김원봉은 신흥 무관학교의 학생 이종암을 찾아갔다. 김원봉은 찾아온 까닭을 말했다.

"지금의 상태로는 젊은이들이 신흥 학교에서 공부만 하고 있을 수는 없소. 하루빨리 독립의 목적을 이루려면 직접 행동을 하지 않으면 안 되오."

"생각해 볼 문제군요. 여럿이 모여 한번 상의해 보겠소."

이종암은 이 일에 대해 오랫동안 생각하고 생각했다. 1919년 9월 어느 날 밤 신흥 무관학교는 마적 떼들의 습격을 받았다. 수백 명의 기숙사 학생들 대부분이 도망쳤고, 교관들은 마적에게 납치를 당하였다. 이종암 등 몇몇 학생은 이 사건에 대해 심한 부끄러움을 느꼈다.

"이런 수모를 겪고 가만히 있어야만 하오?"

김원봉은 더욱 무력 투쟁의 길밖에 없음을 역설했다. 학생들의 반응은 그제야 일어났다. 이종암을 비롯하여 신철휴, 서상락, 한봉인 등이 김원봉의 뜻을 따르게 되었다.

4. 의열단 조직

 1919년 11월 9일, 어둠이 깔리자 지린성 파호문 밖 중국인 농부 반씨 집에 김원봉을 비롯한 여러 사람들이 모이기 시작했다. 이종암이 세를 얻은 이 집은 바로 이종암의 연락 거점이었다.
 이날 모인 사람들은 김원봉 이하 윤세주, 이성우, 곽경, 강세우, 이종암, 한봉근, 한봉인, 김상윤, 신철휴, 배동선, 서상락, 곽재기, 윤소용 등이며, 그 외 신흥 무관학교 출신이 많았다. 부득이한 사정으로 참석 못한 사람은 황상규, 윤치형이었다.
 "이렇게 모이기도 어려운 일이오. 독립 투쟁의 방향을 내가 먼저 말하겠소. 지금 형편으론 군대 조직은 가망이 없소. 인원도 문제요, 경비도 문제려니와 무엇보다도 무기가 문제요. 무기 없는 군대가 무슨 소용이 있소? 더구나 외교 같은 방법으로 독립을 얻고자 하는 일은 우스운 장난거리요. 우리의 독립 쟁취의 방법은 오직 무력 행사뿐이오. 우리는 화랑의 후예들이오. 참된 화랑의 얼을 가진 동지들의 참다운 희생 정신만이 우리의 독립을 가져다주는 길이오. 우리들의 목표는 경성(서울)과 동경(도쿄)이오. 적의 군주 이하 고관을 모조리 살해하고 일체의 시설을 파괴해 버리면, 우리 민족의 애국심에는 저절로 불이 붙어 배일 항일의 기세는 오를 것이오. 그러니 총독으로 서울에 오는 놈을 계속 쓰러뜨리면 총독으로 오겠다는 놈이 없을 것이오. 이러기를 몇 해만 계속하면 빼앗은 우리나라를 스스로 내놓을 것이오. 이 방법 외에는 우리에게 독립을 열어 줄 것은 아무것도 없다고 생각하오."

김원봉은 방 안의 사람들을 둘러보며 무겁게 입을 열었다. 김원봉의 말에 다른 뜻을 둔 사람들은 아무도 없었다.

"좋소. 우리 한 몸 바쳐 조국 독립! 건배!"

누군가가 건배를 제의했다.

"조국 독립을 위해 건배!"

방 안에는 우렁찬 건배 소리가 울려 퍼졌다. 젊은이의 비분강개가 서려 있는 함성이었다.

"내 한 몸 바쳐 나라가 독립이 된다면, 아니 나라의 독립을 위하여 나는 그 밑거름이 되련다."

모두 가슴에 이 말을 묻으며 주먹을 불끈 쥐고 단결을 외쳤다.

1919년 11월 10일 새벽, 역사적인 의열단의 결성이 선포되었다. 일본 경찰이나 헌병들이 그 이름만 들어도 벌벌 떨던 의열단이 탄생한 것이다.

동지들은 혈맹의 서약을 하였다. 단의 이름을 의열단이라 하고 단장에 김원봉을 뽑았다.

그때 김원봉의 나이가 22세였다. 의열단은 공약 10조와 암살 대상, 파괴 대상 등을 정했다.

공약 10조

1. 천하의 정의의 일을 맹렬히(철저히) 실행하기로 함.
2. 조선의 독립과 세계의 평화를 위하여 자신을 희생하기로 함.
3. 충의의 기백과 희생의 정신이 확고한 사람이라야만 단원이 됨.
4. 의열단의 뜻(공약)을 이행하는 것이 단원의 의무임.
5. 의백(단장) 1인을 선출하여 단체를 대표함.
6. 언제 어디서나 매월 한 차례씩 활동 상황을 단 본부에 보고함.
7. 언제 어디서나 단 본부의 부름에 기꺼이 복종함.
8. 죽음을 두려워하지 아니하며 단 본부의 의무를 용감히 지켜야 함.
9. 하나가 아홉을 위하여, 아홉이 하나를 위하여 헌신함.
10. 단의 뜻을 배반하는 사람은 사형에 처함.

제1조, 제2조는 의열단의 창건과 투쟁 목표를 나타내고 있으며, 제4조는 동지를 애호하고 단결을 공고히 하자는 뜻이며, 제8조는 목숨을 두려워하지 않고 독립 투쟁에 나선다는 것이며, 제9조는 개인이 아니면 전체를 이룰 수 없고 전체를 떠나서는 개인이 존재할 수 없다는 것을 강조한 것이다.

일곱 암살 대상

1. 조선 총독을 비롯한 고급 관리
2. 군부 수뇌
3. 타이완 총독
5. 매국 역적
6. 친일파 우두머리
6. 적의 밀정(간첩)
7. 민족을 배반한 토호

다섯 파괴 대상

1. 조선총독부
2. 동양척식회사
3. 매일신보사
4. 각 경찰서
5. 기타 일본의 주요 기관

  공약, 암살 대상, 파괴 대상의 초안은 김원봉의 손으로 된 것이며, 공약 1조의 '정의'의 '의' 자와 '맹렬히'의 '렬' 자를 따와 의열단이라고 이름을 지었다.

  의열단은 만주의 지린에서 창단이 되었지만 1920년 전반기에 본부를 베이징으로 옮겼다. 그때 베이징은 중국의 정치적 중심지였으며,

중국 내의 정치 세력으로부터 원조를 얻기가 쉬운 곳이었다. 의열단은 이곳의 조선인에게서 자금, 인력, 그 밖의 여러 가지에서 도움을 받았다. 의열단은 곧바로 암살, 파괴 활동에 들어갔다. 의열단 단원들은 중국에서 국내로 권총과 폭탄을 운반하였고, 이 일을 담당할 단원들도 국내로 잠입하였다. 의열단 단원들은 미제 권총 2정, 탄알 900발을 비밀리에 들여와 밀양의 김병학의 집에 감추어 두고 기회를 노리다가 그만 발각되고 말았다. 불행하게도 사전에 비밀이 폭로되어 1920년 6월 16일에 곽재기, 이성우, 신철휴, 김수득, 김봉근, 윤세주 등 6명이 서울 인사동에서 체포되고 말았다.

"실행도 해보지 않고 실패하다니……."

중국에 있던 김원봉은 이 소식을 듣고 크게 낙담하였다. 유능한 동지가 일본의 경찰에 체포된 사실은 김원봉에게 더욱 복수심을 불붙였다. 국내 의열단원의 제1차 계획이 실패로 끝나고 말아 의열단은 큰 타격을 받았다. 그러나 김원봉은 뜻을 굽히지 않았다.

"내 기어코 이를 복수하리라. 독립을 못 하면 살지 않으리라. 일본을 쫓아내지 못하면 물러서지 않으리라."

김원봉은 복수의 칼을 갈았다. 제2차 계획의 실행을 맡을 적당한 사람으로 부산 출신 박재혁을 뽑았다.

"박 동지, 이번 일은 꼭 성공할 거라고 굳게 믿소. 성공을 바라오."

김원봉은 다시 박재혁을 국내로 잠입시켰다. 박재혁은 고서 뭉치 속에 폭탄을 넣고 중국 산둥의 서적상으로 위장하고 국내의 부산에 상륙하였다. 자기 집에서 하룻밤을 자고, 이튿날 아침 부산 경찰서로 찾아갔다. 고서 상인으로 속이고 서장실에 들어가 폭탄을 꺼내 던졌다. 그러나 서장은 죽지 않고 부상만 당했다. 박재혁은 그 자리에서 체포되어 사형을 선고받았다.

"일본 관리에게 죽임을 당하는 것은 나의 본 뜻이 아니다."

박재혁은 사형이 집행되기 전 단식을 하고 스스로 목숨을 끊었다.

세 번째는 1920년 11월에 밀양 경찰서가 의열단원 최수봉에 의해 폭탄 세례를 받았다. 최수봉은 밀양 출신으로 동화학원을 다닌 김원봉의 친구였다. 서원들을 훈시하던 서장은 죽지 않고 부상을 당했다. 최수봉은 달아나다가 길이 막혀 칼로 목을 찔렀다. 그러나 죽지 않고 체포되었다. 일본 경찰들은 의열단에 대한 공포심이 더욱 커졌다. 최수봉은 대구 고등법원에서 사형을 선고받고 21세의 나이로 형장의 이슬로 사라졌다.

네 번째는 일본 제국주의 식민지 통치의 총본부였던 총독부 건물에 폭탄을 던져 일본의 간담을 서늘하게 하였다. 용산 철도국 노동자로 일하던 김익상이 1921년 9월 10일에 총독부 건물 폭파 명령을 의열단장 김원봉에게서 받았다.

"조선의 독립은 2천만 민족의 10분의 8 이상이 피를 흘리지 않으면 아니 된다. 우리는 이때에 선두에 나아가 희생됨이 마땅하다."

김원봉은 김익상에게 성공을 빌며 이렇게 역설하였다. 김익상은 김원봉에게 폭탄 2개와 권총 2자루를 받아 가지고 서울로 잠입해 왔다.

1921년 9월 12일 오전 10시경 전기 수리공으로 가장하고 총독부 청사에 들어가 폭탄을 던졌다. 총독부 청사의 일부가 부서졌다. 김익상은 소란한 틈을 타 청사 밖으로 유유히 빠져나가 서빙고 한강변으로 나가 일본 목수차림으로 변장하고 그날로 용산역을 출발, 베이징행 열차를 탔다. 신의주를 거쳐 1921년 9월 17일에 베이징으로 무사히 돌아갔다.

"임무를 제대로 완수하지 못하고 돌아와 면목이 없습니다."

"오! 김 동지, 수고했소. 비록 성공은 못 했지만 일본놈들의 간담이 서늘해졌을 거요."

김원봉은 김익상을 얼싸안고 감격의 눈물을 흘렸다. 파괴 대상의 하나였던 조선 총독부 건물 파괴는 일본 경찰을 더욱 놀라게 했으며, 헌병과 경찰을 동원해서 범인 체포에 혈안이 되었다. 의열단의 용감무쌍한 활동은 일본 경찰과 헌병들에게 공포의 대상이었다. 웃지 못할 일이 나라 안에서 자주 벌어지곤 했다.

"나는 의열단원인데 군자금으로 가져가니 그리 알라."

도둑들이 재물을 빼앗으면서 이렇게 의열단 이름을 팔기도 했다.

"나는 의열단원이다."

충청도 어느 곳에 경찰이 좀도둑을 잡아서 경찰서에 데리고 왔다. 좀도둑의 이 말에 순경들이 놀라 도망가는 일이 벌어지기도 했다. 하나의 의열단 증후군이라 할 수 있다. 의열단 공포증이기도 했다.

"춥고 배고픈데 찬밥 더운밥 가릴 게 어디 있어. 밥이 생기면 닥치

는 대로 먹는 거지."

김원봉은 돈이 있을 곳이면 손을 벌리고 싶었다.

"자금만 있으면 이런 생각은 안 하는 건데······."

김원봉은 자금이 없어 쩔쩔 매고 있는 형편이어서 돈은 바로 구세주였다.

"자금이 없으면 독립 투쟁이고 뭐고 다 도로아미타불이다."

김원봉에겐 자금을 구할 탈출구가 없었다. 그때 소련 공산당이 일부 조선인을 이용하기 위해 손을 뻗쳤다.

"자금을 마련하기 위해서는 공산당과 손잡는 것이 가장 유리하다. 나와 의열단이 공산당원이 되지 않으면 되지, 뭘."

김원봉은 공산주의를 신봉해서가 아니라 자금이 필요해서 소련 공산당과 손을 잡으려 했다.

"우리의 혁명 운동은 민족 해방 운동이다. 소련의 사회주의 운동과 공통점이 있지 않는가?"

김원봉은 이렇게 자위하면서 자금 구하는 일에 몰두했다. 김원봉이 소련 공산당에게서 자금을 얼마나 받았는지 알 길이 없지만 급한 불은 끌 수 있었던 것 같다. 어떤 독립 단체에선 김원봉이 공산당으로 전향한 건 아닐까 하는 의구심을 가지기도 했다. 의열단의 활동에 다시 불이 붙기 시작했다.

한편, 1919년 4월 상하이에서 결성된 대한민국 임시 정부에 많은 독립투사들이 모여들었다.

약산 김원봉과 의열단은 상하이로 옮겨가지 않고 베이징을 중심으로 항일투쟁을 계속하였다. 상하이 대한민국 임시 정부와는 입장을 달리하였다. 임시 정부는 독립을 외교 활동을 통하여 이루려고 했고, 김원봉은 무력으로 독립 투쟁의 방향을 설정하였기 때문이었다.

"폭탄 사용은 단독으로 아무 기준과 질서 없이 사용하지 말고, 임시 정부의 군무부에 예속하여 과격한 활동은 피하고 상황을 봐 가면서 적당한 시기에 대대적으로 행동할 것."

임시 정부의 내무총장 안창호의 이런 요구서가 김원봉에게 전달되었다.

"외교로도 해결 못 하는 임시 정부가 어떻게 우리의 무력 투쟁을 간섭한단 말인가?"

김원봉은 단번에 거절하였다. 독자 노선으로 독립 투쟁의 길을 걷겠다는 의지를 굳게 내보였다.

또 강대국들에 대한 실망도 컸다. 미국 대통령 윌슨이 외친 민족 자결주의도 흐지부지되고 말았다. 강대국들은 자기 나라의 잇속만 챙기는 데 여념이 없음을 파리 강화 회의에서 여실히 보여 주었다. 그때 상하이 대한민국 임시 정부는 미국, 영국, 프랑스 등 강대국에 대해 매우 조심스럽게 대처했다. 혹시나 의열단의 독립 운동이 강대국들에게 과격하게 비치어 이들 나라의 동정을 받지 못할까 하는 걱정이 앞섰다.

식민지를 거느리고 있는 미국, 영국, 프랑스 등은 조선인의 과격한 민족 운동이 자기 나라 식민지 사람들에게도 영향을 미칠 수 있다고 생각했다. 이러한 강대국들의 동정을 사서 나라를 독립하겠다는 것이 임시 정부의 외교 노선이었다.

"내 그럴 줄 처음부터 알았지."

김원봉은 처음 생각이 옳았음을 알고 의열단의 강령대로 밀고 나갔다. 의열단은 강대국들의 중국 침략의 관문이던 상하이에서 큰 사건을 일으켰다.

우울한 나날을 보내던 김원봉에겐 반가운 보고가 들어왔다. 일본의 육군 대장 다나카 기이치가 필리핀에 갔다가 상하이에 들른다는 정보였다.

"절호의 기회다. 그를 암살하자."

김원봉은 회심의 미소를 띠었다.

"단장님! 이번 일도 저에게 맡겨 주십시오. 꼭 성공하겠습니다."

김익상이 제일 먼저 자기가 맡겠다고 나섰다.

"아닙니다. 제가 맡겠습니다."

오성륜과 이종암이 양보하지 않고 서로 자기가 나서겠다고 고집하였다.

"할 수 없군. 이렇게 하지. 각자가 역할 분담을 하는 거야. 제1선은 오성륜 동지, 제2선은 김익상 동지. 제3선은 이종암 동지가 맡기로 하지."

"좋습니다. 목숨을 기꺼이 바치겠습니다."

세 사람은 김원봉 단장의 말에 목숨을 바칠 것을 맹세하였다.

1922년 3월 28일 오후, 일본 육군 대장 다나카 기이치를 태운 기선이 상하이 황포탄에 닿았다. 부두는 환영 인파로 들끓었다. 중국의 고관, 상하이 일본 영사, 각국 신문 기자, 일본 거류민 등이 부두를 꽉 메웠다.

삼엄한 일본 헌병들의 경계망을 뚫고 제1선을 맡은 오성륜이 기선에서 내려오는 일본 육군 대장 다나카를 향해 3발을 쏘았다. 그러나 총알은 빗나가고 말았다. 그 총알은 신혼여행 중인 영국 여자의 가슴에 박혔다. 뒤이어 제2선을 맡았던 김익상이 총을 쏘고 폭탄을 던졌다. 제3선을 맡았던 이종암도 뒤따라 폭탄을 던졌다.

그러나 다나카를 맞히지 못했다. 황포탄 부두는 난장판이 되고 말았다. 이종암은 피할 수 있었지만 두 사람은 그만 체포되고 말았다.

"참으로 원통한 일이구나."

김원봉은 자전거를 타고 도피할 수 있도록 부두 근처에서 강세우, 서상락과 자전거를 세우고 대기하고 있었다. 그러나 혼란한 틈에 자전거는 결국 건네주지 못하고 말았다.

일본 육군 대장 다나카 저격은 비록 실패로 끝났지만 일본의 간담을 서늘하게 하였으며, 독립과 자유를 위한 우리나라 국민의 투쟁을 세계에 더욱 알리는 계기가 되었다. 이 사건은 일본뿐 아니라 식민지를 거느리고 있는 강대국 모두에게 두려움을 안겨 주었다. 목숨을 초개같이 여겼던 의열단의 이 거사는 독립 운동가들로부터 많은 공감을 받았다.

이와 같이 의열단은 국내외에서 조국의 독립을 위해 목숨을 아끼지 않았다.

"조선인 의열단이 목적을 달성하기 위하여 공산주의자의 행동과 같은 잔혹한 폭력을 행함은 미국은 물론 세계 여러 나라가 다 찬성하지 않는 바이다."

주중 미국 공사 샬만이 이렇게 의열단을 비난하기도 했다. 임시 정부에서는 곧바로 샬만 미국 공사의 비난에 대해 성명을 냈다.

"임시 정부는 의열단과 아무런 관계가 없으며, 조선 독립은 과격주의자들을 이용하여 이루려는 것이 아니다."

임시 정부에서는 의열단을 과격주의자이므로 자신들과 아무런 관계가 없다고 주장하였다. 이렇게 임시 정부의 미온적인 처사에 각 독립 단체들은 실망하기 시작했다. 특히 의열단에서는 분노의 목소리가 드높아졌다.

"누구를 위한 독립 운동이었던가?"

발뺌하는 듯한 임시 정부의 태도가 못내 못마땅하였다. 김원봉은 임시 정부와 거리를 두기 시작하였다. 그때 임시 정부는 조국 독립 운동의 구심점이 되지 못한 것은 사실이었다.

"이래서는 안 되겠다."

임시 정부에 대한 불만의 목소리가 각 독립 단체에서 터져 나오기 시작했다. 독립 운동의 새로운 국면을 열기 위해 독립 운동 단체의 통합과 개혁의 필요성에 대한 목소리가 높아졌다.

"독립 운동을 제대로 하기 위해서 민족 운동의 구심체인 임시 정부를 확대 개편해야 한다."

1921년 2월, 원세훈과 박은식이 독립 운동의 새로운 국면을 열기 위해 통합과 개혁이 필요하다고 선언하였다. 그해 4월 20일 베이징에서 군사 통일 주비회가 개최되어, 군사 행동의 통일과 최고 기관의 창설 그리고 국민 대표 회의 개최가 의결되었다. 1921년 5월 19일에 300명 이상의 지지를 받아 국민 대표 회의 기성회가 결성되었다. 1923년 1월 3일에 마침내 상하이에서 대한 국민 대표 대회가 열렸다. 61개 단체 대표 124명이 모였다. 국내외의 13도 대표가 포함된 70여 독립 운동 단체 대표들이었다. 북간도의 김동삼이 회장, 안창호가 부회장으로 선출되었다.

3개월 동안 무려 92차례의 회의를 가졌다. 회의에서는 군사, 재정, 외교의 여러 문제가 논의되었으나 의견의 일치를 보지 못했다. 가장 큰 문제가 임시 정부의 존폐 문제였다. 안창호와 여운형은 임시 정부가 그대로 있기를 주장하였고, 원세훈, 김두봉, 장건상, 신채호 등 창조파는 임시 정부를 폐지하고 새 정부 수립을 주장하였다. 북간도의 독립군 단체 대표들도 임시 정부를 폐지하자는 쪽으로 기울어졌다. 창조파와 개조파의 대립으로 대한 국민 대표 대회는 그것으로 끝이 났다.

창조파는 김규식을 수반으로 하여 정부를 따로 조직하여 러시아 영토로 떠나고 말았다. 국민 회의와 상하이의 임시 정부를 합병하여 정부를 블라디보스토크로 옮기자는 창조파의 주장이 실패로 끝났기 때문이다. 창조파가 내세운 명분은 시베리아에 10만 동포가 살고 있을 뿐 아니라 30만 동포가 사는 간도와 가깝고 조국과 육지로 연결되어 있다는 것이었다.

"일본군이 빠른 시일 안에 러시아에서 쫓겨나게 되어 있다. 그렇게 되면 우리 정부가 러시아 혁명 정부의 지원을 받아 국내 진공 작전을 벌일 수 있다. 또 국내의 한 곳을 발판으로 삼아 3개월만 점거하고 있으면 강대국이 우리 임시 정부를 교전(전쟁 선포) 단체로 인정해 줄 것이다."

이런 주장은 강대국의 동정과 지원을 받아 국내에 정권을 세우겠다는 생각이었다. 그러나 그들의 주장도 소련 정부의 무관심과 냉대로 흐지부지되고 말았다. 임시 정부로서는 되지 않으니까 국민 대표들이 모여서 정부를 다시 만들든지 고치든지 하자는 것이었는데 용두사미가 되고 말았다. 시작은 용의 머리처럼 거창했는데 끝은 뱀 꼬리처럼 가늘어지다가 그만 끊어지고 말았으니 우리나라의 독립은 멀고먼 듯했다.

대한민국 임시 정부가 있는데 임시 정부를 놔두고 이런 대회가 열렸다는 것은 임시 정부의 권능을 인정하지 않는 것이 아닌가? 임시 정부는 민족주의와 사회주의 두 진영으로 갈라져 그 지위가 약화되었기 때문이다. 전혀 외국의 지원을 바랄 수 없는 상황에서는 민족의 온 힘을 총집결하는 것만이 항일 전선을 강화하는 데 유일한 길이었다. 그런데도 사회주의 세력이 민족진영을 분열시키고 말았다.

의열단은 어느 편에도 가담하지 않았다. 독자적으로 독립 운동을 전개시켜 나갔다. 1920년대 초반부터 일기 시작한 사회주의 사상은 1920년대 후반기에 이르러 항일 독립 운동자들 사이에 건널 수 없는 웅덩이를 파고 말았다. 두 진영의 통합을 시도하는 운동은 오히려 임시 정부 밖에서 이루어졌다.

1926년 베이징, 상하이, 난징, 광둥에서 결성된 한국 유일당 촉성회와 국내에서 벌어진 신간회 운동(1927년), 간도의 3대 독립군 단체(정의부, 신민부, 참의부)가 국민부로 통합된 사실이 바로 통합의 대표적인 예이다.

5. 조선 혁명 선언

"행동만 있고 선전(홍보)이 뒤따르지 않을 때 일반 민중은 행동에 나타난 무력만을 보고 그 무력 속에 들어 있는 정신을 이해하지 못한다."

김원봉은 이 문제를 깊이 생각하고 생각한 끝에 단재 신채호를 찾아갔다.

"약산이 웬일이오? 해가 서쪽에서 뜨는 건 아닌지 모르겠소."

신채호는 김원봉의 뜻밖의 방문에 기뻐하면서도 의아스러운 표정을 풀지 않았다.

"내가 일본의 첩자라도 되는 거요? 왜 그런 표정을 짓고 있소?"

"그게 무슨 소리요? 뜻밖이라서……, 하하."

신채호는 김원봉의 손을 굳게 잡으면서 너털웃음을 웃었다. 신채호는 정말 반가웠다. 신채호도 의열단의 폭력 투쟁을 찬성하고 있었다. 신채호의 독립투쟁 방법과 의열단과는 공통점이 있었다. 신채호는 우리 민족의 역사를 바로 밝히는 역사학자요, 독립투사요, 언론인이며 명문장가였다.

"단재의 높은 의견을 들으려고 여기에 왔소."

"칭찬이 너무 지나치오. 나한테 무슨 높은 의견이 있다고 그래요. 나무꾼의 의견만도 못한 걸 가지고……."

"아니오. 진정으로 하는 말이오. 우리 의열단은 대중성을 갖추지 못한 단체에 지나지 않소. 한 번 폭탄을 던진다고 일반 사람들의 머릿속에 우리 의열단의 뜻이 제대로 박히지 않는 것 같으니, 우리에게도 행동 강령이 있어야 할 것 같소. 우리 의열단이 독립 운동을 장기적으로 할 수 있는 프로그램이 있어야 하고, 신념도 밝힐 수 있는 행동 강령이 있어야 할 것 같소. 좋은 문장으로 작성해 주오. 이것도 독립 운동의 하나가 되지 않겠소? 거절 아니 하리라 믿소."

"약산의 청이니 한번 생각해 보겠소."

신채호는 기꺼이 허락했다.

한 달간의 산고 끝에 1923년 1월 6천 4백여 자에 이르는 '조선 혁명 선언'이 명문장가 신채호의 손에 의해 탄생을 보게 되었다.

"자, 한번 읽어 보시오. 약산의 마음에 들지 모르겠소."

신채호가 작성한 선언문을 김원봉에게 내밀었다.

"누구의 글인데……."

김원봉은 선언문을 읽어 나갔다. 선언문을 읽어 나가는 김원봉의 눈빛이 빛났다.

"참 좋은 문장이오. 거기에다 내용 또한 좋아 호소력이 커, 우리 의열단의 참모습을 알게 될 것 같소."

김원봉은 단재의 손을 덥석 잡고 고마운 인사를 몇 번이고 했다. 의열단 선언이라고도 하는 이 선언문은 곧바로 인쇄되어 단원들에게 배포되었다.

"강도 일본은 우리의 국호를 없애고 우리의 국권을 빼앗으며 우리의 생존의 필요 조건을 다 박탈하였다."

김원봉은 의열단의 행동 강령을 만천하에 공표하게 되어 기쁘고 온 민족이 의열단의 폭력 투쟁 방안을 바르게 이해할 수 있어 기뻤다.

선언문은 비단 의열단을 위한 선언이었을 뿐 아니라 이 시기의 독립 투쟁 단체 모두의 정신을 한데 묶은 것이라 할 수 있다.

"강도 일본이 우리의 생명을 초개같이 여겨 을사(을사보호조약) 이후 13도 의병에 대하여 행한 일본군의 폭행은 이루 다 여기에 적을 수 없거니와, 최근 3·1 운동 이후 국내외에서 촌락을 불지른다, 재산을 약탈한다, 부녀를 욕보인다, 사람을 죽인다, 또 사람을 산 채로 묻는다, 사람의 몸을 두 동강이 세 동강이로 내어 죽인다, 부녀의 생식기를 파괴한다 하여 할 수 없는 데까지 참혹한 수단을 써서 공포와 전율로 우리 민족을 압박하여 인간의 산송장을 만들려 하는도다."

"강도 일본이 헌병 정치, 경찰 정치를 하여 우리 민족이 한 걸음도 마음대로 못 하고, 언론, 출판, 결사, 집회의 일체 자유가 없어 고통과 분하고 한스러움이 있으면 벙어리 가슴이나 만질 뿐이오, 행복과 자유의 세계에는 눈뜬 소경(장님)이 되고, 자녀가 나면 일본어를 국어라, 일본 글자를 국문(나라 글)이라 하는 노예 양성소(학교)로 보내고……."

"조선 사람으로 대다수 인민, 곧 농민들은 피땀 흘려서 지은 농사를 일본 강도에게 다 빼앗기고, 마침내 우리 민족은 살길을 찾아 서간도 북간도로, 시베리아의 황야로 유랑민이 되어 떠나고, 국내에 남은 농민들은 일본인의 노예가 되고……."

"강도 일본을 조선 반도에서 영원히 몰아내기 위해서는 반드시 폭력으로 맞서야 하며, 외교를 가지고서는 소기의 목적을 달성할 수 없다. 독립을 못 하면 살지 않으리라. 일본을 쫓아내지 못하면 물러서지 않으리라."

"나아가면 파괴의 칼이 되고 들어오면 건설의 깃발이 된다. ……우리 2천만 민중은 어긋남이 없이 폭력 파괴의 길로 나아갈지니라."

이 선언문의 내용은 독립 투쟁뿐만 아니라 역사적인 개혁, 독립 투쟁을 비판하는 글로 되어 있다.

"독립을 못 하면 살지 않으리라."

"일본을 물리치지 않으면 물러서지 않으리라."

이렇게 굳은 뜻을 가지고 전진하면 반드시 목적을 이루고 말 것이라고 했다.

"경찰의 칼이나 군대의 총이나 간사하고 교활한 정치가의 수단으로도 막지 못하리라."

이렇게 폭력, 암살, 파괴, 폭동의 목적을 설정하여 독립 투쟁의 방향을 확실히 하였다.

독립 운동 진영 내에는 두 개의 독립 노선이 있었다. 외교를 통한 독립 투쟁의 외교론과 교육, 공업과 그 밖의 여러 일들을 일으킨 뒤 군대를 양성하여 일본과 전쟁을 하자는 준비론이다. 김원봉은 이 두 가지 노선의 잘못을 지적하고 비판하였다.

"파리 강화 회의에서도 우리들의 목적을 달성 못 했고, 미국 워싱턴의 군축 회담(태평양 회의)에서도 우리 임시 정부의 대표가 참석할 수 없었으며, 우리나라의 독립 문제는 논의하지도 않았다. 외교론도 믿을 것이 못 된다. '준비! 준비!' 하고 외쳤지만 아무 소득 없이 모여 의논만 한 것이 아닌가?"

김원봉은 이런 것에 회의를 느꼈다. 외교론이나 준비론을 펼치는 사람들에게서도 기대할 것이 하나도 없다고 생각하였다. 의열단이 먼저 장렬하고 희생적인 투쟁, 즉 파괴, 암살을 전개하면 일반 민중이 자극을 받아 폭동을 전개할 것이고, 그렇게 되면 독립은 달성된다고 주장하였다. 독립 운동의 주체는 우리 민중이며 사대 외교를 배척하고 준비하다가 시간만 다 보낼 것이 아니라 직접 폭력 혁명에 나서자는 것이었다. 의열단이 설정한 민족은 곧 민중이며 민중의 직접 혁명의 대상은 강도 일본뿐 아니라 민중을 고통에 빠뜨리는 노예 사상, 경제 제도 등 모든 불합리한 제도, 습관까지 포함시켰다. 조선 혁명 선언에 나타난 의열단 노선의 특징을 요약하면 다음과 같다.

첫째 사대 외교 노선을 배격하고 민족 자주 입장을 뚜렷이 했으며,

둘째 민중 주체의 입장을 분명히 했고, 셋째 의열단은 국민 대표 회의 창설 등 여러 정치적 행동을 멀리하고 민중의 직접 투쟁을 강조했다.

조선 혁명 선언문은 실로 의열단이 하고 싶었던 말을, 그들의 주의를, 그들의 주장을 남김없이 말한 것이었기 때문에 단원들에겐 큰 용기가 되었다. 의열단은 '조선 혁명 선언'과 함께 '조선 총독부 소속 관공리에게'라는 협박문도 같은 시기에 작성했다. 선언만으로서의 선언이 아니라 행동으로서의 항일 독립 혁명 선언이기에 그 선언문대로 김원봉은 그 활화산 같은 열과 빛을 발산해 나갔다.

외교에 실패한 독립 운동 진영에서는 큰 충격을 받았다.

"독립 운동이란 강대국에 의존하는 외교나 대규모 단체를 결성하는 따위에 힘을 쏟을 것이 아니라 우리 자신의 힘으로 직접 일본과 맞부딪치는 항쟁이어야 한다."

이런 결론에 이르렀다. 국민 대표 회의의 실패로 의열단의 투쟁 방향이 큰 호소력을 지니게 되었다. 의열단의 활동 폭은 더욱 넓어졌다. 한편 상하이 임시 정부는 새롭게 개혁하고 떨어진 위상을 세우려고 애썼다.

이때 김원봉에게는 위기가 닥쳐 왔다. 일본 경찰은 김원봉이 베이징을 중심으로 활약하고 있다는 것을 알고 체포하려고 애를 썼다. 김원봉은 이것을 알고 탈출할 결심을 하였다.

"그러나 이걸 어쩐담. 여비가 있어야 탈출하지. 옴짝달싹하지도 못하게 되니······."

　김원봉은 일본 경찰이 자기를 향해 옥죄어 오는 것을 느끼면서 불안에 휩싸였다. 김원봉은 상하이에 있는 의열단 단원에게 1백 원을 급히 구해 오라고 기별하였다. 기별을 받은 상하이의 단원들은 돈을 구하기 위해 여기저기 뛰어다녔다. 그러나 마음대로 돈이 구해지지 않았다. 마지막으로 도산 안창호에게 사정을 이야기하였다.

　"약산이 곤경에 빠졌다니, 그건 안 될 말이지. 독립투사인 약산이 체포되면 우리의 독립은 더 요원해지는 거지. 암, 내가 그를 구해 주지 않으면 누가 구해 주겠어."

　안창호는 1백 원을 선뜻 내놓았다. 1백 원을 안창호에게서 받은 의열단 단원은 베이징으로 가서 김원봉에게 건네주었다.

"이렇게 많은 돈을 어디서 쉽게 구했소?"

"도산 안창호 선생님께 빌렸습니다. 안창호 선생님은 그 돈을 구하시느라 분주히 다녔습니다, 단장님."

"도산의 은혜는 결코 잊지 않으리라."

김원봉은 1백 원의 돈을 받아들고 감격의 눈물을 흘렸다.

"의열단의 근거지를 상하이로 옮겨야겠다. 이제 그때가 왔다."

김원봉은 이렇게 안창호가 보내 준 1백 원으로 베이징 탈출에 성공했다. 마침 새롭게 개조된 상하이 임시 정부와 가까이 뜻을 같이할 수 있다고 생각하고 있던 터라 더욱 잘된 일이었다. 의열단의 근거지도 상하이로 옮겨 임시 정부와 손잡고 독립 투쟁을 하면 일석이조가 되는 일이라 김원봉의 어깨는 참으로 가벼웠다. 의열단의 활동 무대는 이제 상하이가 중심이 되어 화려한 독립 투쟁의 장을 열었다.

또 의열단은 단원을 모집하기 위해 몽골 방면으로 눈을 돌렸다. 내몽골 백음다래 지방에는 망명객들이 많이 모여들었다. 이들에게 맹렬히 독립 사상을 고취하여 좋은 호응을 받았다. 120여 명을 입단시키고 국내로 들어가 활동할 준비를 했다.

1923년에 의열단은 총회를 열고 앞으로의 투쟁 방향을 협의하고 행동 강령을 단원들에게 지시했다.

1. 의열단은 입단한 날로부터 생명, 재산, 명예, 부모, 처와 자식, 형제를 일체 희생에 바치고, 오직 의열단원의 주의 목적인 조선 독립을

위해 결사 모험으로써 활동한다.
2. 단원은 각기 특장에 따라 다음의 기술을 실제로 연습하고 연구할 의무가 있다(검술, 사격술, 폭탄 제조 기술, 탐정술).
3. 단원은 간부의 명령에 절대 복종한다.
4. 암살, 방화, 파괴, 폭동 등에 대한 기밀과 계획은 간부 회의에서 지휘한다.
5. 활동 중 체포되는 단원이 생길 때에는 반드시 복수할 것이며, 단원을 체포한 사람이나 단원에게 형벌을 선고한 사람은 반드시 보복 암살한다.
6. 암살 대상 인물과 파괴 대상 건물은 의열단 활동 목표에 근거를 두고 실행한다. 특히 조선 귀족으로서 나라를 망하게 하고 백성의 재앙을 불러온 대가로 많은 재산을 소유하고도 의연금을 내는 데 응하지 않는 사람은 기어코 올해 안으로 처단한다.
7. 의열단의 이름을 팔아 금품을 강제로 모아 의열단의 이름을 더럽히는 사람은 반드시 엄벌한다.
8. 주요 기밀 사항은 간부 회의에서 결의한 후 공표하지 않고 해당 단원에게 출동을 명령한다.

위의 행동 요령을 살펴보면 의열단의 세력이 확대되어 단원의 기강을 세워야 되고, 의열단의 이름이 널리 알려지면서 의열단의 이름을 이용하여 여러 가지 부조리가 일어날 수 있는 가능성을 경계하고 대비하는 데 중점을 두고 있다. 그리고 단원이 많아지자 파벌이 생기게 되고 주도권 투쟁이 일어날 것에 대비한 점이 눈에 띈다. 김원봉은 규율의 강화로 의열단의 세력을 확대하고 단합을 유지하며 다른 독립 단체와 힘을 모아 독립 운동을 더욱 잘해 나가기로 했다.

제1차 세계 대전 후 세계는 사상적으로 많은 변화를 가져온다. 아나키즘(무정부주의)이 지식인들 사회에 스며들기 시작했다. 아나키즘은 정치 권력이나 정부의 지배를 부정하고, 절대적 자유가 보장되는 사회를 이상으로 삼는 정치 사상이다. 그 하나의 보기로 노동 운동에서 정당 설립보다는 노동자들의 자발적인 총파업 투쟁을 통해 정부를 무너뜨리고 공장을 자주 관리할 것을 바란다. 아나키스트(무정부주의자)들은 정부나 당 같은 기구를 없애고 자유로운 활동이 보장되는 조직을 바라고 있었던 것이다.

김원봉의 독립 투쟁에는 이 아나키즘이 밑바탕에 깔려 있었다. 임시 정부나 국민 대표회가 자리다툼이나 하지, 독립 운동에는 별로 기여하지 못한다고 판단했다. 독자적으로 암살, 파괴 활동을 한 것이 바로 아나키즘의 노선을 밟은 것이다. 그러나 어디까지나 민족주의자로서 그의 모습엔 변함이 없었다.

김원봉은 굉장한 정열을 가진 사람이었다. 동지들에 대한 사랑이 너무도 뜨거웠다.

"자, 우리 동지가 됩시다."

김원봉을 만난 사람은 거의 다 설득당하곤 했다. 김원봉은 자기가 만난 사람을 동지로 만들겠다고 결심하면 며칠을 두고 설득을 시켜 뜻을 이루었다. 그렇기 때문에 동지들이 죽는 곳에 뛰어들기를 겁내지 않았다. 김원봉이 많은 청년들을 동지로 맞아들여 그들을 죽음의 땅으로 보낼 수 있었던 것은 김원봉의 사랑과 애국심이 청년들을 감동시킬 수 있었기 때문이었다. 김원봉은 말할 때는 언제나 목소리가 낮았다. 낯을 붉히고 목소리를 높이지 않았다. 그러나 듣는 사람에겐 깊은 감명을 주었다. 단원이 돈이 없어 쩔쩔 맬 때는 자기가 입은 옷을 벗어 전당포에 잡혀 돈을 구해 주었다고 한다. 단원들은 김원봉을 어버이같이 따랐다. 김원봉은 냉정하고 두려움을 모르는 사람이기도 했다. 언제나 말이 없고 웃는 법이 없었다고 한다. 어울려 다니지 않기 때문에 곧잘 도서관에서 책을 읽으며 시간을 보냈다. 이런 행동은 일본 경찰의 눈을 피하기 위해서이기도 하다. 김원봉은 자기에게 현상금이 붙어 있기 때문에 늘 변장하고 다녔다. 상하이가 위험하다 싶으면 베이징으로 도피하고 베이징에서 위험하다고 싶으면 상하이로 도피했다. 김원봉만 잡으면 의열단은 저절로 해체될 것이라고 여긴 일본 경찰은 눈을 시뻘겋게 하고 체포에 열을 올렸다.

6. 불길로 번져 가는 무력 투쟁

    1923년은 의열단의 효과적인 항일 투쟁의 해였다. 서울 종로 경찰서에 폭탄을 던진 사건을 시작으로 무력 투쟁의 불길은 활활 타오르기 시작했다.

    "김 동지! 성공을 비오."

    김원봉은 김상옥에게 조선 총독을 살해하도록 명령을 내리고 거사가 성공되기를 빌었다. 김상옥은 서울 동대문 창신동에서 태어났으며 조선 총독 암살을 계획하다 실패하고 그 길로 상하이로 가서 의열단에 가입하였다. 김상옥은 농부로 변장하여 국내로 들어왔다. 어둠 속을 뚫고 압록강 철교를 건널 때 한 명의 순찰 경관을 쏘아 죽였고, 신의주에 들어와서는 다시 세관 검문소 보초 한 명을 때려눕히고 역에 정거하고 있던 석탄 화물차에 몸을 숨겨서 서울로 들어왔다.

    1923년 1월 12일에 김상옥은 서울의 가장 중심지에 있는 종로 경찰서에 폭탄을 던졌다. 그러고는 재빨리 몸을 피했다. 경찰의 추격을 간신히 피해 왕십리 안장사라는 작은 절에 숨었다. 그 이튿날 주지에게 승복과 양말과 짚신을 얻어 신고 절을 떠났다. 경찰의 눈을 속이기 위

해 짚신을 거꾸로 신고 산을 내려갔다. 그때는 눈이 많이 왔기 때문에 김상옥의 발자국은 절을 향해 올라오고 있는 모습이었다. 김상옥은 김영진이라는 가명을 쓰고 효제동 이태성의 집에 숨었다가 일본 경찰의 포위로 뜻을 이루지 못하고 총알 한 방으로 자결하였다. 같은 해 의열단원 김시현과 황옥이 폭탄을 가지고 국내로 들어와 폭동을 일으키려다 비밀이 알려져 실패하고 말았다.

1923년, 일본의 간토(관동)에서 대지진이 일어났다. 일본은 이것을 빌미로 무고한 조선인 2만여 명을 학살했다(관동 대학살). 이 소식은 상하이의 의열단에게도 들려왔다.

"복수를 해야겠다."

김원봉은 김지섭을 일본 도쿄로 파견하였다.

"간토 지진 때 일본놈들에게 무고히 살해당한 우리 동포의 넋을 위로하고 그 원수를 갚기 위해 일본으로 간다."

김지섭은 이렇게 선언하고 1923년 12월 20일에 중국 상하이를 떠났다. 이듬해 1월 4일에 일본 왕이 있는 궁궐 입구의 이중교에다 폭탄 세례를 퍼부었다. 김지섭은 경북 안동 사람으로 그때 나이 39세였다. 김지섭의 본래 목적은 홀로 일본 제국 의회에 들어가 정부 위원석에 폭탄을 던져 일본 정부의 고관들을 암살하고 민족의 분노를 알리는 데 있었다. 그러나 일본 국회의 휴회로 본래의 계획을 변경하였다.

"차라리 이중교의 보초병을 쓰러뜨리고 궁성 안에 돌진하여 왕궁을 폭파하면 일본 내각은 저절로 무너지리라."

김지섭은 범인인 자기가 조선 사람이라는 것이 밝혀지면 저절로 조선의 독립 문제가 거론될 것이라고 판단하였다. 세 번이나 폭탄을 던졌으나 모두 실패하고 체포되고 말았다.

"의열단장 김원봉은 이번 거사를 반대하였다."

김지섭은 단독범이라고 끝내 주장하였다. 김원봉 단장에게 피해를 주지 않기 위함이었다. 김지섭은 죽음을 각오한 사람이었다.

'김지섭 무기 징역.'

제1심에서 무기 징역이 언도되었다.

"사형이면 사형, 무죄면 무죄지, 무기 징역이 다 뭐냐?"

김지섭은 이렇게 말하고 상고하였다. 일본은 다시 무기 징역을 선고하였다. 김지섭은 이에 맞서 옥중에서 단식 투쟁을 벌였다. 마침내 옥중 생활 4년 만인 1928년 2월 24일에 44세의 나이로 삶을 마감하였다. 김지섭의 유해가 고향으로 돌아오던 날 하늘에 불덩어리 같은 큰 별똥별이 꼬리를 달고 날아갔다는 것이다. 김지섭 의사의 죽음을 하늘도 분노해서 그런다고 사람들은 입을 모아 말했다고 한다.

1925년 3월 30일에 의열단원 이인홍이 베이징에서 조선 밀정 김달하를 암살하였고, 그 이듬해 의열단원 나석주가 동양 척식 주식회사 요원들을 암살하려다 실패하였다.

김원봉은 베이징과 상하이를 오가며 의열단 활동을 지도하는 데 온 정열을 바쳤다. 의열단은 한 사람이 여러 개의 가명을 가지고 활동하였다. 사진도 잘 남기지 않아 얼굴을 알아내기가 쉽지 않았다. 단원들

서로 간에도 어느 사람이 단원인지 전혀 알 수 없었다. 그래서 의열단원을 체포하기가 어려웠다. 의열단원의 암호는 '力(력)'자를 공중에 손가락으로 써서 사용했다. 서로 만나면 이 암호로 동지임을 알았다고 한다.

김원봉은 사무소를 상하이의 영창리 190호에 두었다. 그러나 이곳은 야간에만 극비리에 드나들 뿐이며 평상시에는 거처하는 곳이 일정

하지 않았다. 단원들도 단장이 있는 곳을 몰랐다. 매일 밤 잠자는 장소를 옮기며 지냈다. 이것은 일본 경찰의 눈을 피하기 위해서였다.

때로는 일요일 오후 상하이 교외에 있는 사격장에 나가 권총 사격 연습을 하기도 했다. 일본 경찰은 김원봉을 체포하는 데 많은 상금을 걸었다.

이 무렵 세계는 사회주의 운동이 확장되고 있었다. 사회주의는 자본주의와 대립되는 사상으로서 생산 수단의 사회적 공유를 기본으로 하는 제도며, 그런 사회를 실현하려는 사상이다. 재산의 개인 소유를 부인하는 면에서는 공산주의와 같다고 할 수 있다. 국내에서도 사회주의 운동의 성장과 노동 대중 운동의 발전을 가져왔다. 아울러 상하이의 독립 운동 단체에도 많은 영향을 끼쳤다. 윤자영 등은 청년 동맹회를 결성하여 그 기세를 드높이기 시작했다.

"손에 손에 총과 창을 갖지 못한 채 독립 전선에 선 우리들이 적을 쳐부수는 유일한 무기는 한 덩어리가 되는 힘밖에 없다."

청년 동맹회는 일치단결만이 유일한 길임을 선언하였다. 윤자영은 사회주의자였고 의열단의 고위 간부였다. 의열단에서 이탈하여 독자적으로 세력을 모았다. 김원봉에게 불만이 많았던 사람이다. 윤자영의 청년 동맹 세력은 의열단보다 훨씬 커졌다. 의열단의 세력은 하루 아침에 쇠퇴의 길로 접어들었다. 너무나 애처로운 일이 아닐 수 없었다. 의열단의 분열로 김원봉은 너무도 큰 충격을 받았다. 한데 힘을 모아도 어려운 일인데 두 쪽으로 갈라지게 되니 안타까운 일이 아닐 수 없었다.

"의열단 운동을 지속시키기 위해서는 무엇보다도 많은 자금이 필요하다. 무기를 구입, 운반하는 데 그리고 거사에 나서는 동지들에게 활동비를 충분히 지급해야 한다."

"의열단이 여기서 멈춰 서면 안 된다. 지금까지의 투쟁이 물거품으로 되는 걸 내 눈으로 볼 수 없다."

김원봉은 뜻을 굽히지 않고 투쟁 의지를 불태웠다. 그때 상하이 의열단의 형편은 매우 어려웠다.

"자금만 확보하면 다시 세상의 눈길을 의열단으로 모을 수 있다. 다시 폭력으로 사건을 일으켜 의열단의 권위를 높여야 한다."

그러나 의열단에는 거사 자금이 없었다. 참으로 막막했다.

"광둥에 있는 쑨원에게 마지막 기대를 걸어 보자."

쑨원은 중국 광둥성에서 혁명을 일으켜 새로이 국민당 정부를 세우고 삼민주의를 지도 원리로 삼았던 혁명가요 정치가였다. 삼민주의란 민족주의, 민권주의, 민생주의이다. 이것은 쑨원의 중국 민주주의 혁명의 정치 이론이다.

김원봉은 자금 마련을 위해 광둥으로 내려갔다.

"암살단의 수령 김원봉은 광둥의 국민당 통보소에 유숙하면서 소련 대표 예부이노프가 광둥에 오기를 기다리는 한편, 국민당에게 지원을 호소하고 있음."

위와 같이 일본 광둥 총영사가 상하이 총영사에게 전보를 보냈다.

김원봉이 소련 대표를 기다리는 것은 자금을 얻기 위함이었다. 일본 경찰은 김원봉의 움직임을 철저히 살피고 있었다.

김원봉은 1924년 5월 3일 밤, 광저우의 군인 구락부에서 약 2시간, 4일 밤에는 비행대 기숙사에서 약 3시간 정도 조선인 동지와 회합하고 자금 조달과 의열단의 선전, 청년 동맹회의 태도 등을 논의하였다. 그때 광둥에는 의열단 단원이 10여 명이나 있었다. 그들은 광둥 정부 군대에 소속해 있는 대위 또는 소좌(소령) 급의 장교들이었다.

"지금 정세로서는 청년 동맹이 저희네들끼리 힘을 한데 뭉친다고 조국의 독립이 그냥 굴러 들어오는 것은 아닙니다. 그들은 우리들 활동의 방해 대상입니다. 우리 의열단의 뜻을 굽혀서는 안 됩니다. 혁명 선언대로 끝까지 싸워야 합니다."

단원들은 한결같이 의열단의 선언을 지켜 나가기로 주장했다.

"동지들의 뜻을 잘 알았소. 내가 여기로 온 까닭은 바로 자금과 무기를 구입하기 위함이었소. 끝까지 투쟁할 것을 다시 다짐합시다."

김원봉은 그들을 위로하고 여기저기 다니면서 무기 구입을 위해 적극 노력하였다.

"김원봉 등 독립 운동가들을 지원하거나 그들을 보호해서는 안 된다."

일본은 이렇게 광둥 국민당 정부에 압력을 가했다.

"우리는 김원봉이 이끄는 의열단의 민족 독립 운동은 동정하나 그 수단에 대해서는 탐탁하지 않게 여긴다."

광둥 국민당 정부는 일본의 눈을 두려워한 나머지 미리 이런 내용으로 신문에 내고 김원봉을 상대해 주지 않았다. 소련의 예부이노프도 지원을 해 주지 않았다.

김원봉은 홍콩의 중국인 선박업자 진길과 권총 100정을 9500불에 계약하고 계약금 1500불을 건네주었다. 그리고 1주일 안에 잔금을 주고 권총을 받기로 했다. 그러고는 나머지 돈을 마련하기 위해 이리저리 뛰어다녔다.

"가지고 있는 돈이 없소."

"지원하고 싶은 마음이야 있지만……."

모두들 이렇게 꽁무니만 뺐다. 일본 경찰의 눈총을 받기 싫다는 것이었다. 의열단을 도와주었다는 낌새만 알면 생활하는 데 알게 모르게 일본 경찰의 억압을 받게 되는 걸 꺼려서였다. 모두 김원봉을 외면하였다.

"이럴 수가 있나? 일본이 그렇게 두려운가? 아! 원통하구나."

김원봉은 기한 내에 돈을 마련하지 못하여 잔금을 갚을 수가 없었다. 결국 보증금 1500불만 날려 버리고 말았다. 겨우 진길에게 권총 7정만 받았다. 자금과 무기를 마련하기 위한 김원봉의 노력은 수포로 돌아가고 말았다. 김원봉은 할 수 없이 그해 10월 17일 광저우를 떠나 톈진으로 돌아갔다가 상하이로 되돌아왔다.

"우리 의열단의 활동 방식에 문제가 있다고 본다. 깊이 반성해 볼 필요가 있다."

김원봉은 의열단의 실패의 과정 속에서 지금까지의 활동 방식에 대해서 깊이 반성하는 시간을 가졌다. 의열단의 형편은 점점 나빠졌다.

"세계적인 사회주의 운동의 성장과 국내적으로 대중 운동과 사상 운동의 발전에 뒤따르지 못한 것이 그 원인이다."

김원봉은 이렇게 결론을 내리고 활동 방향을 수정하기로 하였다. 의열단은 1924년 이후엔 눈에 띄는 활동이 거의 없었다. 의열단의 파괴, 암살 폭력 활동은 이때부터 정지된 셈이다.

상하이에서 세력을 확장하고 있던 청년 동맹회와는 여전히 뜻을 같이하지 못했다. 청년 동맹회는 의열단의 파괴, 암살을 비난하면서 더욱 세력 확장에 혈안이 되었다. 목숨을 바쳐 싸워 온 의열단에게는 배신감을 느끼는 일이 아닐 수 없었다.

동지들은 뿔뿔이 흩어졌다. 김상윤은 허원으로, 주부칠은 지린으로, 송호·김우진은 베이징에, 김동식은 중동선(中東線)에서 때를 기다리고 있었다. 상하이에 남아 있던 의열단원들은 겨우 10여 명에 지나지 않았다.

단원들은 좁은 방에서 만두나 국수로 끼니를 때우기가 일쑤였다. 참으로 비참한 상태였다. 임시 정부에서도 의열단의 활동에 제동을 걸었다. 의열단의 활동은 더욱 어려워졌다. 지금의 상태로서는 도저히 활동할 힘이 없었다. 김원봉은 의열단의 암살, 파괴 노선을 폐기하지 않을 수 없었다.

"민족 운동이 곧 사회 운동이다. 대다수 조선 사람의 이익이 된다면 소수는 희생시키는 것이 마땅하고, 또 잘못이 있으면 어디까지든지 응징할 텐데 이런 점으로 봐도 민족 운동과 사회주의 운동은 뭐가 다르단 말이냐? 다 같지 않나."

김원봉은 민족을 중시하되 그 과정에서 민중의 복리를 위해 소수 계급은 희생시킬 수 있음을 주장했다. 민중의 역할을 강조하는 진보적 민족주의자로 변신한 셈이다. 그것은 사회주의 세력이 강대해지자 그것을 잠재우기 위한 수단이었다고 볼 수 있다.

7. 황푸 군관학교 생도

　김원봉은 의열단의 활동 무대를 광둥의 광저우로 옮기기로 하였다. 상하이에서는 노동자들의 파업이 일어나 어수선하기 그지없었다. 일본에 대한 반대(반일), 제국주의 민중 운동에 대한 반대 시위에 많은 조선인들이 가담하였다. 사회주의 지도자들이 지도하였던 청년 동맹회가 이 시위에 적극 가담하였다. 윤자영, 이병홍, 조덕진, 김호, 이덕환, 김규면 등 6명은 청년 동맹회를 대표하여 상하이 학생 연합회를 방문하여 적극 지원의 의사를 전달하였다. 그리고 학생 연합회로부터 반일 전단 수천 장을 받아 뿌리기도 하였다. 상하이 임시 정부에서도 이 문제를 가지고 토의를 거듭하였다. 이 운동에 적극 가담하라고 주장한 파도 있었고, 이번 시위 운동은 반일뿐 아니라 영국, 미국, 프랑스 등 강대국에 대한 제국주의 반대 운동의 성격을 띠고 있기 때문에 이 운동에 합세하면 강대국의 동정을 잃을 수 있으므로 그냥 보고 있자는 주장이 있었다. 그러나 베이징의 독립 단체들은 중국 국민 운동에 대해 정신적, 물질적 응원을 부르짖었다.

　"우리도 이때를 이용해 다시 일어나야겠다. 흩어진 전열을 재정비

하는 좋은 기회가 될 것이다."

김원봉은 중국의 이 새로운 움직임에 대해 적극 참여하기로 하였다. 사회주의의 청년 동맹회가 상하이에서 주도권을 잡자 김원봉은 그 탈출구를 마련하지 않으면 안 되었다.

"광둥으로……."

김원봉은 마침내 독립 운동의 새로운 기지로 광둥을 택했다. 의열단원들에게 광둥으로 집결하도록 지령을 내렸다.

각지에 흩어져 있던 의열단원들은 1925년 가을부터 한 사람 두 사람씩 광둥으로 내려갔다.

이때 모여든 의열단원은 약 60여 명이나 되었다. 그때 중국의 혁명 운동을 지원하기 위해 세계 각국의 혁명 운동가, 식민지 독립 운동가들이 광둥의 광저우로 몰려들었다. 광저우는 지리적으로 홍콩과 가까워 중국 혁명의 바람을 불러들였고, 혁명의 바람을 내뿜는 중국 근대의 역사에서 태풍의 눈과 같은 곳이었기 때문이다.

1926년 1월, 중국의 국민당 제2차 전국 대표 회의가 열렸다.

"식민지 또는 식민지나 다름없는 민족, 압박을 받고 있는 민중, 사회주의 나라로 구성된 세계적 규모의 제국주의에 반대하는 통일 전선을 결성한다."

국민당은 대회에서 이렇게 선언문을 발표하고 중국의 국민 혁명을 통일 전선의 노선에 일치시켰다.

국민당은 이 대회를 계기로 약소민족의 민족 해방 운동에 많은 관심을 보였다. 특히 국민당은 조선, 안남(오늘의 베트남), 인도 등 압박을 받고 있는 민족의 힘을 끌어들이는 것이 중국 혁명에 대단히 중요하다고 판단하였다. 그 가운데 중국과 조선은 형제의 나라이므로 전 세계에 압박받고 있는 약소민족과 연합, 쑨원의 삼민주의에 협력하여 일본을 물리쳐야 한다고 주장하기도 했다.

광저우에 온 의열단원들은 더욱 용기를 얻었다. 의열단원들은 이곳에서 많은 환영을 받았다. 그리고 국민당과 손잡고 나가기로 하였다. 1926년 1월경 의열단은 총회를 열고 의열단의 나아갈 길을 다시 밝히고 단합을 외쳤다.

"이제는 의열단이 지난날처럼 암살과 파괴에만 치우쳐서는 안 되고, 정치 단체로 탈바꿈해서 독립 투쟁을 이끌 간부들을 훈련해 나가자."

총회에서 이와 같은 주장을 폈다. 이것은 바로 의열단의 탈바꿈이었다. 그리고 김원봉의 일생에 회오리바람이 일기 시작했다. 세계 정세나 광둥의 형편으로 봐서 안이하게 대처해서는 아니 되겠다는 결론에 이르렀다.

"전 민중의 무장 투쟁이 아니고는 강도 일본을 물리칠 수 없다. 이 생각은 변함이 없다. 그러나 민중을 무장시키기 전에 우선 나 자신부터 무장을 해야겠다. 그러자면 진보적이고 과학적인 전투의 기술과 군사 교육을 몸소 체험해야 한다."

김원봉은 모든 걸 떨쳐 버리고 한 생도로서 군관학교에 입학하여 군사 교육을 받으리라고 결심하였다. 의열단원들도 뒤따라 황푸 군관 학교, 중산대학 등 여러 학교에 입학하기로 했다.

"약산, 독립 운동을 이끄는 의열단 단장이 군관학교 생도가 되는 것은 반대일세. 조선 독립 운동에 관심을 가지고 있는 해외와 국내에 있는 동포들이 무어라고 말하겠는가? 동포들의 기대에 어긋나는 일일세."

김상윤이 찾아와 간곡히 만류하였다. 그 명성에 걸맞지 않다고 했다. 김상윤은 밀양 출신으로 김원봉과 의열단을 창단한 단원이었다. 그는 곽경, 이성우 등과 함께 1차 암살 계획에 참가하였다가 탈출한 사람이다. 누가 들어도 김상윤의 말이 옳다고 생각할 것이다.

"나는 이미 결심을 했네."

"한 번 더 생각을 돌려 보게."

"내 결심을 꺾기에는 때가 늦었네. 단원들도 이미 알고 있는 일일세."

"약산, 참으로 안타까운 일이네. 의열단의 존재가 만천하에 알려져 있는데, 또 약산의 명성에 먹칠을 하는 걸세."

김상윤은 김원봉의 뜻을 끝내 꺾지 못했다.

"할 수 없지. 군관학교에 들어가더라도 의열단을 잊지 말게. 그리고 졸업하는 대로 다시 의열단의 조직을 강화하고 독립 운동을 힘차게 밀고 나가세."

김상윤은 아쉬운 작별을 하고 돌아갔다.

김원봉은 1926년 1월, 권준, 신암, 이영중, 김종, 이인홍, 왕자량, 양검, 이병희 등과 황푸 군관학교에 제4기생으로 입학하였다.

황푸 군관학교는 1924년 6월 16일에 육군 군관학교로 개교하였는데, 중국의 국민 혁명과 공산 혁명의 용사를 길러냈다. 쑨원의 중국 국민당 정부는 공산당과 합작하여 학교를 세웠다. 생도들은 국민당과 공산당에서 추천한 학생들이었다.

황푸 군관학교는 광저우 시를 가로질러 흐르는 주장(九江)의 장저우 섬 황푸에 있기 때문에 황푸 군관학교라고 불렀다. 장저우 섬은 광저우 시내의 동남쪽 10킬로미터 떨어진 교외에 있다. 홍콩과 마카오로 나가는 물길이어서 군함의 출입이 잦은 곳이다. 다리가 없어 배로 건너가기 때문에 군대 양성소로는 아주 알맞은 곳이다.

교장은 장제스였다. 장제스는 훗날 공산당에게 밀려 타이완에서 정부를 세우고 총통으로 있었다. 중국 국민당은 소련처럼 강력한 혁명군을 육성하기 위해서 황푸에 군관학교를 세운 것이다.

이 군관학교는 장교를 길러 내는 우리나라의 사관학교와 같은 군사 교육 기관이다. 황푸 군관학교는 국민당의 이념에 따라 압박받고 있는 조선의 청년들을 군관학교에 폭넓게 받아들이고 학비까지 부담하였다. 김원봉과 함께 많은 조선인이 입학한 것은 이 때문이었다.

황푸 군관학교는 이렇게 국민 정부의 직할 군대 역할을 하기도 했다. 진형명이 거느리는 군과 양희민, 유진환이 이끄는 연합 반란군을 토벌할 때 황푸 군관학교 학생들이 참전하여 많은 전과를 올렸다.

1925년 7월 1일, 광둥 정부는 국민 정부로 이름을 바꾸고 황푸 군관학교의 생도들을 중심으로 국민 혁명군을 창설하였다. 김원봉은 '최림'이라는 가명을 썼다. 김원봉이라고 밝혀서 의열단의 단장이라는 게 밖으로 소문이 나면 아무래도 공부하는 데 지장이 있을 것 같아서였다.

　일과는 8시간의 학습과 8시간의 군사 훈련이었다. 그뿐이 아니었다. 어떤 때는 부근의 마을이나 공장에 파견되어 자위군을 훈련시키기도 하고, 또 어떤 때는 전투에 동원되기도 했다. 학생들은 군사 이론과 실제 전투 경험을 갖춘 군인이 되어 갔다. 또 군관학교는 군사 교육 못지않게 정치 교육도 매우 중요하게 여겼다. 삼민주의의 혁명 사상을 학습시켰다.

　생도들은 모두 국민당 당원이 되어야 했으며, 저녁 식사 후에는 하루 일과의 하나로 몇 명씩 조를 짜서 정치 토론을 벌였다.

　알게 모르게 조선인 생도들은 중국 공산당 당원과 공산주의 청년단 단원이 되었는데, 그 수가 80여 명이나 되었다. 이는 군관학교의 정치부 부주임인 저우언라이의 영향이 컸다. 저우언라이는 중국 공산당의 지도자였기 때문이었다. 저우언라이는 훗날 중국 수상을 지내기도 하였다.

　황푸 군관학교의 공부하는 연한은 1기는 6개월이었고, 2기부터는 1년이었다. 그리고 매일 일과는 매우 빡빡하였다. 이렇게 황푸 군관학교 생도들의 활약은 눈부시었다.

김원봉은 군관학교에 생도로 있으면서 조선 청년들을 지도하였다. 군관학교의 조선 생도들은 토요일마다 광저우 거리에 있는 조선 국수집에 자주 모였다. 나라 안과 나라 밖의 정세와 정치 이론을 토론하며 자기들의 의견을 털어놓곤 했다. 이로 인해 조선 생도들의 수준은 높아졌고 혁명 정신은 더욱 깊어졌다.

김원봉은 광동으로 몰려온 조선 사람을 단결시키는 일에 온 힘을 쏟았다. 황푸 군관학교에 입학하는 생도들을 의열단에 가입시키는 일을 게을리하지 않았다. 김원봉의 노력으로 의열단원의 수는 늘어가고 조직도 확대되었다.

8. 희망과 좌절의 북벌

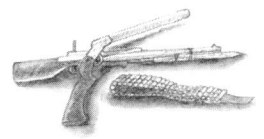

1926년 늦봄이었다.

김원봉, 장지락, 김성숙 등이 중심이 되어 조선인의 모든 집단과 정파를 대표하는 중앙 동맹체인 '한국 혁명 청년회'의 창립 대회를 열었다.

"과거와 같은 단순한 무력 운동으로는 성공할 수 없다."

"혁명 정당을 세워야 한다."

"우리는 모두 평등을 기초로 하는 혁명적 노동자다."

세 사람은 이렇게 선언하고 하나하나 일을 진행시켜 나갔다. 한국 혁명 청년회의 창립 대회는 성공이었다. 300명의 회원이 모여들었다. 이 연맹의 중앙 위원으로 선출된 사람들은 대부분이 공산주의자였다. 김원봉은 장지락, 김성숙과 함께 중앙 위원으로 선출되었다. 한국 청년 동맹회는 광둥 지방에 사는 조선 사람의 단체로서 회원이 약 200명이었다. 이 단체 안에서는 의열단이 가장 강경한 계파였다.

김원봉은 우창에 있는 의열단원을 중심으로 우창 한국 청년회를 결성하도록 하였다. 그 목적은 중국 혁명 지원, 제국주의 세력에 대한

교란 방어, 세계에서 압박받고 있는 민족 연합 전선 완성, 국민당 지구 안에 한국 혁명 세력을 온전히 지키기 위함과 훈련을 꾀함에 있었다.

또 우한에도 지령을 내려 우한 혁명 청년회를 결성하게 하고 우창 한국 청년 동맹회와 같은 일을 하게 하였다.

조선 혁명 청년 연맹 내부에서는 여전히 파벌들이 주도권 싸움을 하고 있었다. 의열단의 민족주의자, 중국 공산당 지부, 고려 공산당 상하이파, 고려 공산당 시베리아파 등이 얽혀 있어 좀처럼 의견 일치를 보지 못했다.

"파벌을 없애야 한다."

김원봉은 이런 분열 현상에 환멸을 느끼고, 의열단을 개조하기로 하였다.

1926년 겨울, 의열단 총회를 열었다.

상하이에 있던 유자명과 황푸 군관학교의 교관이었던 오성륜도 이 대회에 참석하였다.

'조선 민족 혁명당'

의열단원들은 여러 차례 회의를 열고 토의하여 '조선 민족 혁명당'이라고 하여 간판을 달았다. 김원봉을 최고 지도자(위수)로 정하고 11명의 중앙 위원을 선출하였다. 민족 혁명당은 중앙 집행 위원회를 광저우에 두고 우창 난창에 지부를 두었다.

"이제 민족 정당이 탄생했다. 이런 정당은 국내에서는 만들 수 없으므로 의열단을 중심으로 해외에서 발전시켜 나가야 한다."

김원봉은 조선 민족 혁명당의 결성에 큰 기대를 걸었다.

그때 노동자, 농민 운동과 제국주의와 봉건주의에 반대하는 민중 운동이 활발히 일어나고 있었다. 공산주의자들이 고개를 들어 사회를 혼란에 빠뜨리기 시작했다. 이렇게 되자 중국의 재벌, 지주, 중국에 진출해 있던 강대국은 큰 위협을 느끼기 시작했다. 그래서 국민 혁명군 내의 민주주의 정파인 우익과 손을 잡기 시작하였다.

1926년에 북방 군벌을 타도하기 위해 장제스 국민당 정부는 군사 행동에 나섰다. 이것을 북벌 전쟁이라 한다. 김원봉을 비롯하여 황푸 군관학교 졸업생들이 북벌 전쟁에 참가하였다. 조선 청년들은 김원봉의 감화력에 끌려 이 북벌 전쟁에 많이 참전하여 용감히 싸웠다. 800여 명이나 참전하였으니 그 열의가 대단하였다. 국민 정부가 벌이고 있는 북벌 전쟁이 조선의 독립과 곧바로 이어진다고 생각하고 국민 혁명군에 소속되어 국민 혁명을 도왔다. 군벌을 타도하기 위한 북벌 전쟁에서 조선 청년들은 용감하고 뛰어난 통솔력이 있다고 널리 알려져 있었다. 중국 지휘관들은 누구나 조선 청년들에게 자기 부대에 들어오라고 요청할 정도였다.

그때 후난, 후베이 일대를 근거로 한 오패부의 10만 군대와 안후이, 장쑤, 저장, 푸젠, 장시를 근거로 한 손전방의 10만 군대, 둥베이 3성(동북 3성:만주)과 베이핑, 톈진, 진푸 철도(중국 남북을 횡단하는 철도)를 근거지로 하는 장쭤린의 20만의 군대가 세력을 떨치고 있어 중국의 분열을 초래하고 있었다. 중국 혁명군은 10만 군대를 동원하여 쳐들어갔다. 국민 혁명군은 가는 길목마다 인민 대중의 환영과 지지를 받으며 쉽게 양쯔 강 유역까지 점령하였다.

"하이베이로! 그리고 조선으로!"

김원봉과 의열단원들의 가슴은 벅찼고 뛸 듯이 기뻤다. 중국 국민 혁명군에 합세한 것에 뿌듯한 긍지를 느꼈다.

"지금 조국과 만주에서 2천만 조선인들이 아시아의 자유를 위해 제국주의를 쳐부수기 위해 무기를 들고 기다리고 있다."

김원봉은 중국 국민 혁명군에게 자신 있게 말하였다. 그때마다 그들은 고개를 끄덕였다.

중국의 정세는 이제 혁명군과 장쭤린의 펑텐 군벌과 맞서게 되었다. 국민 혁명 세력은 주장 유역에서 양쯔 강까지 영향력을 넓혔다.

"이제 중국 혁명은 양쯔 강을 힘차게 건너 북상 중이다. 멀지 않은 장래에 중국은 통일될 것이다. 중국이 통일되는 때에는 조선의 해방도 곧 이루어질 것이다."

1926년 9월에 우창이 중국 국민 혁명군에 점령된 후 의회 광장에서 열린 축하 대회에서 여운형의 연설은 조선인들의 가슴을 설레게 했다. 김원봉의 가슴인들 왜 뛰지 않았을까? 김원봉의 어깨에도 힘이 저절로 났다. 덩실덩실 춤이라도 추고 싶었다.

국민 정부는 1927년 1월에 수도를 광저우에서 우창으로 옮기고 혁명 운동의 중심지로 삼았다. 장제스는 공산당의 세력이 커지는 것을 경계하기 시작했다.

1927년 4월 12일, 마침내 북벌군 총사령관 장제스는 북벌을 중지하고 당과 군대 내에 있는 공산주의자들을 추방할 것을 명령하였다.
"중국의 공산주의자들은 일본 제국주의보다 더 무서운 적이다."
장제스는 이렇게 선언하고 공산주의자들을 몰아내기로 하였다. 이 명령에 따라 군대는 상하이에서 공산당원과 민중 운동에 앞장서는 노동자들을 추방하기 시작했다.
북벌을 눈앞에 둔 승리의 문턱에서 국민당과 공산당의 분열은 김원봉의 기대를 깡그리 무너뜨렸다.
"조선 혁명의 지평선 위에 검은 구름이 뒤덮이는구나."
김원봉은 나라의 앞날이 걱정되었다. 조국의 앞날은 검은 구름 속에 끼어 어둡기만 했다. 북벌의 성공으로 조국 독립을 기대했는데 그만 물거품이 되고 말았으니 안타깝기 그지없는 일이 아닌가? 중국의 국민혁명은 국민당과 공산당의 분열로 좌절되었고 중국 대륙에 내란의 회오리바람이 일어나고 말았다.
장제스가 공산당 우한 정부(잔류 좌파-공산당 정부)에 대항하여 난징에 우파(민주) 정부를 세워 대립하고 공산당을 무차별 처단하였다.
"공산당을 타도하자."
광둥에선 장제스 군대의 공산당에 대한 숙청의 바람이 너무도 거세게 불었다. 대부분 노동자들이 무장 해제를 당하고 많은 사람들이 체포당하였다. 군대와 각종 군관학교 안의 공산주의자들을 포함하여 20여 명의 조선인이 감옥으로 끌려갔다. 또 중국 공산 청년 동맹원이 군중 앞에서 처형되기도 했다.

"이렇게 잔인한 곳에서 어떻게 살 것인가? 못 살아. 절대로 못 살아. 이들은 사람도 아니야. 짐승만도 못해. 살벌한 곳엔 한시라도 머무를 수 없다. 피와 살육이 일어나는 곳에서 어떻게 마음 놓고 활동할 수 있겠는가?"

김원봉은 이렇게 울부짖었다. 지금까지 암살, 폭동 등 폭력 투쟁을 이끌던 냉정한 김원봉이 이렇게 분개한 것은 무엇일까? 그것은 바로 중국 동족의 학살이었다. 김원봉은 암살 대상으로 조국을 빼앗은 강도 일본인을 택했기 때문에 양심의 가책을 느끼지 않았다. 그러나 장제스 군대의 민중 학살을 직접 목격하고는 무척이나 마음이 무거웠고 아팠다.

"동족이 동족을 죄 없이 죽일 수는 없다."

학살 현장을 목격한 의열단원 및 조선인들의 마음도 김원봉과 다를 게 없었다. 장제스 혁명군에게서 마음이 돌아서기 시작했다.

"우리 조선 사람들은 모조리 죽고 말 거요. 여기 그대로 있다가는 나의 독립 운동의 꿈이 산산조각이 나고 말 거요. 어떻게 하면 좋소?"

김원봉이 유자명에게 물었다. 혼자 결정하기에는 마음이 너무도 혼란스러웠다.

"상하이로 갔다가 우창으로 가는 게 제일 좋은 방법입니다."

"좋소. 빨리 여기를 탈출합시다."

우창에는 우창 한국 청년회에 소속되어 활동하던 조선인만 하여도 43명이나 되었다. 김원봉은 더 이상 광저우에 머무를 수가 없었다.

1927년 5월 4일, 김원봉은 유자명과 함께 상하이로 가는 배를 탔다. 두 사람이 탄 배는 가는 중간에 해적을 만났다. 불운한 탈출이었다. 해적이 쏜 총탄에 유자명은 다리에 부상을 입었다. 배는 겨우 푸젠성 샤먼에 도착했다. 김원봉은 중국 청년들과 함께 구세군 병원에 유자명을 입원시켰다.

"유 동지! 여기서 며칠만 치료하면 완쾌될 거라 하오. 내가 의사에게 부탁했으니 너무 걱정 마오. 나는 먼저 상하이로 가야겠소. 훗날 상하이에서 만납시다."

김원봉은 다시 배를 타고 상하이로 갔다. 상하이로 간 김원봉은 우창에서 들려오는 소식에 아무래도 그냥 있을 수 없었다. 우창의 좌파 정부인 공산 정권이 위기에 몰려 있다는 소식이었다.

"우창으로 가야겠다. 우창에는 의열단원들이 있기 때문에 더 걱정이 된다. 우창은 사실상 의열단의 본거지가 아닌가? 동지들도 궁금하다."

김원봉은 더 머무를 수 없어 곧바로 우창으로 달려갔다. 우창은 좌파 정부인 공산당이 지배하고 있었다. 그러나 우창도 장제스의 군대에 의해 점령되었다. 중국 공산당은 이에 폭동으로 맞섰다.

1927년 8월 1일, 중국 공산당은 저우언라이의 지도 아래 난창을 손아귀에 넣었다. 김원봉은 8월 1일의 공산당 봉기에 참가하기로 하였

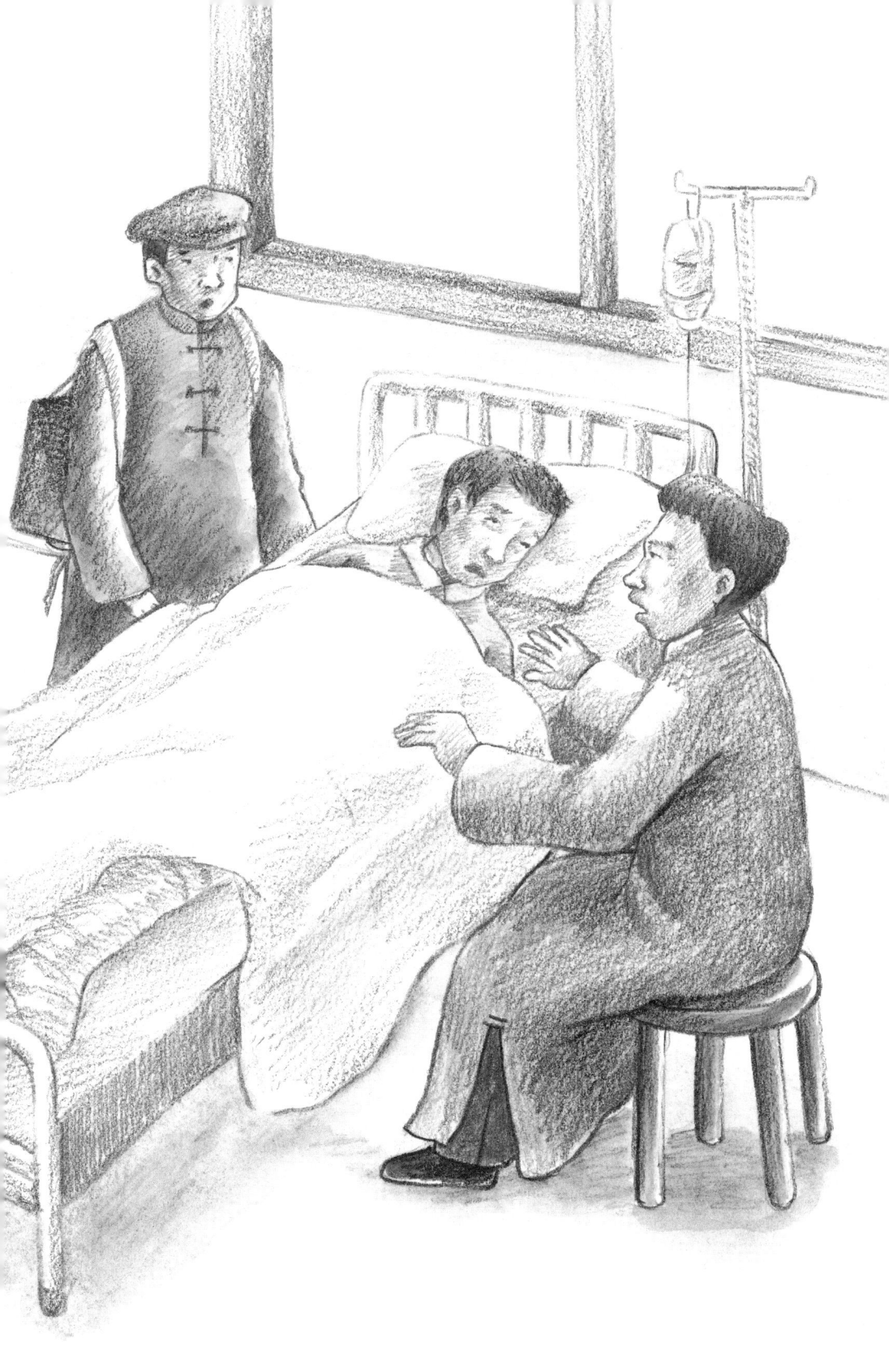

다. 김원봉은 짚신을 신고 삿갓을 등 뒤에 드리운 채 유자명 등 동지들의 전송을 받으며 장시성의 난창으로 떠났다.

난창 시내는 계엄 상태나 다를 바 없었다. 거리의 골목마다 공산당 봉기군의 보초들이 서 있었다.

시내는 너무도 고요하였다. 사람들의 그림자마저 자취를 감추었다. 살벌한 공기만 감돌았다. 그날 밤이었다.

"작전 개시 시간까지는 여기서 쥐 죽은 듯이 기다리는 거요."

김원봉은 대원들을 둘러보며 결전의 의지를 다졌다. 김원봉을 비롯해 박인, 김철강, 방월성, 강석필, 홍범기, 김래준, 성준용 등은 목에 붉은 넥타이를 매고 팔에는 흰 수건을 둘렀다. 그리고 붉은 '+' 자를 붙인 손전등을 옆에 두고 잠든 척하였다. 닥쳐올 거사의 시각을 기다리고 있었다. 초조함을 억누르느라 긴장감이 감돌았다.

1927년 8월 1일 새벽 2시, 세 발의 신호총 소리가 밤하늘을 뒤흔들었다. 전투가 시작되었다는 신호였다. 새벽 5시, 난창은 좌파 공산군의 손에 들어갔다. 김원봉은 하룽 부대의 소속이 되었다. 공산군당 봉기군은 난창에서 중국 혁명의 발상지 광저우로 향해 진격하였다. 김원봉의 부대는 중간에서 격파되어 부대원들은 모두 흩어지고 김원봉은 할 수 없이 상하이로 되돌아갔다.

김원봉이 상하이로 오자 많은 의열단원들도 뒤따라 상하이로 모여들었다. 그때가 1927년 가을이었다. 그때 김원봉의 나이는 30세였다.

상하이는 각국의 조계지(외국의 경찰권, 행정권이 행사되는 외국인의 거주지)가 있는 도시다. 이 조계지에서는 범인이라도 그 나라의 허락 없이 함부로 체포하지 못한다. 그래서 독립 운동가들의 피난처 구실을 할 수 있었다.

김원봉은 이때 삼민주의, 공산주의, 무정부주의, 민족주의, 국제주의 등 온갖 사상의 시험장이었던 혁명 무대에서 민중의 힘에 의거하는 혁명을 강조하는 사회주의 사상에 기울어지고 있었다. 훗날 조선 공산당 재건 동맹, 레닌주의 정치 학교 설립 등은 그것의 한 증거이기도 하다.

장제스 국민당 군대가 상하이에까지 조선 독립 운동가들에게 체포의 손길을 뻗쳤다. 여기에다 일본 경찰도 합세하여 체포의 끈을 조이고 있었다. 또 프랑스 조계 당국도 조선인 사회주의자들을 책임지려고 하지 않았다. 상하이는 조선 독립 운동가들에겐 공포의 도시로 변했다.

"요즈음처럼 온갖 폭력을 써서 위협하고 공포에 빠뜨리게 하는 행위가 이루어질 때는 어떡하든 살아남아서 앞으로 중요한 일을 지도하는 것이 중요해."

김원봉은 개죽음을 당하기는 싫었다. 거기에다 김원봉의 주변에 일어나는 일은 너무도 가슴 아프기만 했다.

만주로 파견했던 의열단원들은 변절하여 일본에 투항하였고, 장지락, 이병희, 오성륜 등 생사고락을 같이하던 의열단 동지들은 중국 공산당을 따르게 되어 김원봉의 곁을 떠나게 되었다. 의열단은 결국 민족주의자, 무정부주의자, 공산주의자 등 이 세 가지 갈래로 분열되고 말았다. 그 가운데서 공산주의 진영으로 넘어간 대원이 더 많았다.

　1929년 봄이었다.

　김원봉은 소수의 의열단 단원들과 함께 베이징으로 활동의 중심지를 옮겼다. 그때 중국에 있는 조선인 좌익(공산당) 운동의 활동지는 북쪽으로 옮아가고 있었다. 그것은 국민당과 강대국의 탄압을 피하기 위해서였다.

　"의열단의 약점은 혁명 운동이 노동 대중 위에 기초를 두지 않았고, 광범한 대중 투쟁을 조직적으로 전개하지 않는 데 있다. 우리의 혁명은 노동 대중을 중심으로 하여 광범위한 대중의 조직적 투쟁에 의해서만 힘있는 발전을 할 수 있다."

　김원봉은 국내 대중 운동으로 방향을 잡아 나가기로 했다. 이 무렵 국내에선 노동자, 농민, 학생 운동이 활발히 일어나고 있었다.

　"독립 투쟁은 어느 특정 계급, 어느 특정 단체로는 성공하기 어렵다. 오직 민중의 힘이 바탕이 되어야 한다."

　김원봉의 암살, 폭력 투쟁의 향방이 바뀐 것은 놀라운 사실이다.

　이 무렵 김원봉의 생활에 큰 변화가 일어났다. 국내에서 근우회 활동을 하다가 망명해 온 박차정과 결혼을 한 것이다.

　박차정은 1910년 출생으로 동래 일신여자중학을 졸업하고 근우회 간부로서 활동했었다. 근우회는 1927년에 창립되어 1931년에 해산된 여성 항일 구국 운동 단체이다. 민족 해방을 통해 여성 해방을 이루자는 것이 목적이었다.

　박차정은 독립 운동의 동지이자 아내로서 김원봉을 가까이에서 도왔다. 김원봉은 아내 박차정이 믿음직스러웠다. 오늘은 이곳, 내일은 저곳으로 삶의 터전을 옮기는 터라 오붓한 가정생활은 꿈도 꾸지 못했다. 그러나 오붓한 가정은 마음속에서 훈훈하게 꽃피고 있었다. 아내 박차정은 남편 김원봉을 도우며 혁명 동지로서도 훌륭한 자질을 갖추었다. 조국 재건 동맹의 중앙 위원으로서 독립 운동의 최전선에 뛰어들었다.

　그해 12월 2일, 김원봉은 조선 공산당 재건 동맹을 결성하고 명칭을 줄여서 재건 동맹이라고 했다. 의열단의 이름은 쓰지 않기로 하였다.

의열단의 해체와 다를 바 없었다.

재건 동맹은 목적을 실천하기 위하여 베이징 지부, 만주 지부, 조선 지부를 두고 간부를 양성해 나갔다.

김원봉은 1930년 4월에 '레닌주의 정치학교'를 열고 학생을 모집하였다. 학교 이름을 '레닌'이라고 한 것으로 보면 공산주의로 흐른 것이라 볼 수 있다.

레닌은 소련에서 혁명을 일으켜 공산주의 국가를 세운 사람이다. 공산주의의 종주국이 바로 소련이 아닌가? 모든 공산주의자들은 레닌을 신처럼 받들기까지 했다. 그때 지식인들은 사회주의에 물들어 거의가 공산주의에 빠져 있었다.

입학한 학생들은 대부분 학생 운동 혹은 청년 운동을 했던 사람들이었다. 그래서 간부 교육이 중심이 되었다. 제1기는 1930년 4월부터 9월까지, 제2기는 1931년 2월까지였는데 총 21명의 조선 청년들이 교육을 받았다.

레닌주의 정치학교 졸업생 가운데 일부는 만주로, 그리고 대부분은 국내로 잠입해 활동했다.

이들 졸업생들은 자동으로 재건 동맹의 간부가 되었다. 재건 동맹의 간부로서 임무를 띠고 활동했던 것이다.

국내에서는 노동자들을 통하여 파업 투쟁을, 농민들에게는 야학, 강연회를 통해서 의식 고취와 관청에 시위, 학생들을 통해서는 동맹 휴학과 시위 운동을 벌이도록 조종하였다.

김원봉이 국내 대중 운동에 활동 방향을 잡아 나가는 데 이런 일들은 크나큰 용기를 얻게 했다. 국내에서는 이렇게 독립 운동의 열기가 불붙었다.

재건 동맹은 국내에 경성(서울), 평양, 신의주, 원산, 대구, 부산, 강릉, 목포에 지부를 조직하고 활동을 독려하였다. 그 가운데서 강릉 지부의 활동은 눈부셨다. 재건 동맹 권인갑의 활동이 컸다.

9. 장제스의 국민당과 손잡고

　1931년 9월 18일에 일본군은 만주의 펑톈(오늘의 선양) 교외 유조구에서 남만주 철도를 폭파하고 이를 중국 측 소행이라고 몰아붙여 만주를 침략하였다. 이것을 만주사변이라 한다. 일본의 야욕이 마침내 만주로까지 뻗쳤다. 일본은 그해 말까지 전 만주를 점령하고, 1932년 2월에 중국 상하이를 점령했다. 중국 본토까지 손길을 뻗치게 된 것이다. 3월에는 청나라의 마지막 황제 푸이(부의)를 꼭두각시로 하여 괴뢰 만주국을 세웠다. 이에 강대국은 일본에게 거세게 항의하고 중국에서 일본군이 물러날 것을 요구했다. 일본군은 강대국의 압력으로 상하이에서 물러났다. 그러나 만주는 내놓지 않았다. 이것은 만주를 손아귀에 넣고 소련과 중국 등 대륙 침략의 발판을 튼튼히 다지기 위해서였다.

　장제스 국민당 정부는 중국 국내의 공산당과 일본군을 상대로 다 같이 싸워야 하는 입장에 서 있었다. 대적하기에는 힘이 벅찼다.

　"밖의 적을 몰아내기 위해서는 먼저 내부의 안정을 이루어야 한다."

장제스는 이런 정책을 펴고 먼저 공산당 토벌을 강행한 것이다. 일본이 만주를 점령하자 중국의 민중들은 적극적으로 구국 운동에 나섰다. 김원봉은 일본의 만주 침략을 큰 희망으로 삼고 큰 용기를 얻었다. 중국과 힘을 합치면 일본군을 물리칠 수 있다고 생각했기 때문이었다. 이때 조선인들만이 홀로 싸웠는데 이제 수억의 중국 민중과 힘을 합쳐 싸우게 되었으니 어찌 희망이 샘솟고 용기가 나지 않으랴.

독립 운동가들은 이때부터 일본군과 적극적으로 싸움을 펼쳤다. 남만주에서는 조선 혁명군이, 북만주에서는 한국 독립군이 중국 의용군과 합세하여 싸웠다. 동만주 일대에서는 항일 빨치산 부대가 항일 투쟁을 전개하였다.

김구가 이끄는 한인 애국단은 1932년 초에 이봉창을 일본으로 보내 천황 암살을 시도했으며, 1932년 4월 23일 일본 천황의 생일날에 애국단원 윤봉길이 상하이 홍커우 공원에서 폭탄을 던졌다. 이때 일본군 대장 시라카와 등 많은 일본군과 일본 정부 요인들이 죽고 부상당했다.

조선인을 일본인의 앞잡이 정도로 생각해 온 중국 민중들에게 큰 감명을 받게 했다.

"중국과 조선은 힘을 합쳐 일본을 물리쳐야 한다."

중국 민중의 마음속에 이런 분위기가 무르익기 시작했다.

김원봉은 일본의 만주 침략으로 새로운 계획을 세우지 않으면 안 되었다.

"장제스 국민당과 연대해 가는 길이 최상의 길이다. 그들과 손잡아야 충분한 자금과 지원을 받을 수 있다. 그것을 바탕으로 여러 곳의 조선인 민족 해방 운동 세력을 집결시킬 수 있다."

김원봉은 이렇게 방향을 잡고 본격적인 항일 운동에 나서려고 했다. 그때 김원봉은 재건 동맹의 활동에 대해 사회주의자들로부터 달갑지 않은 눈총을 받고 있어 활동에 어려움이 많았었다.

"공산당과 밀접한 관련을 맺고 활동하면 조선 혁명에는 많은 어려움이 있겠다."

김원봉은 이렇게 생각하고 공산당과의 관계를 끊었다. 공산당에 가입하여 레닌주의 정치학교를 세워 청년들을 훈련시키는 걸 포기하고 말았다. 1932년 봄, 김원봉은 부인과 단원들을 데리고 장제스 국민당 정부가 있는 난징으로 갔다. 그래서 장제스 국민당과 손잡고 그들의 지원을 받고자 했다.

"약산(김원봉)이 공산주의를 반대하는 장제스 국민당, 즉 중국 국민당과 관계를 맺다니 이건 우리들을 배신한 거야."

사회주의자들은 이렇게 김원봉을 비난했다.

"단장님! 장제스는 협조의 대상이 아니라 타도의 대상입니다. 장제스를 해치워도 시원찮은데 이렇게 하셔도 되는 겁니까?"

어느 날 사회주의자 김학무가 찾아와 거세게 항의하였다. 그때 사회주의자들 중에는 장제스를 암살하려고 난징으로 온 사람도 있었다.

"내가 장제스를 도와주기 위해 손잡는 것이 아니오. 염불에 마음이 없고 잿밥에 마음이 있어 안 될 게 뭐 있소? 우리는 일본 제국주의를 타도하기 위해서는 조금이라도 유리한 조건이면 어떠한 것이나 다 이용해야 하지 않겠소?"

김원봉은 이렇게 대답했다.

"단장님! 장제스를 암살하는 데 협조해 주십시오."

"내 뜻을 굽힐 수 없소. 김 동지의 뜻을 들어줄 수는 없소."

김원봉은 결연히 반대했다. 김원봉이 말한 '염불'이라는 뜻은 장제스의 행동이며, '잿밥'은 장제스 정부의 지원이었다.

"단장님! 사실 장제스는 중국 혁명을 배반했지 않았습니까? 또한 의열단의 여러 동지들을 살해한 장본인이기도 하지 않았습니까? 지금도 윤호, 김석철, 성시백 동지들이 난징 감옥에서 신음하고 있는 걸 모르십니까?"

"그건 김 동지의 말이 맞소. 그러나 우리의 당면 목표는 일본을 타도하는 일이오. 장제스를 암살한다고 조국 독립이 되는 건 아니잖소?"

김원봉은 김학무를 설득했다. 김학무는 승복하고 장제스의 암살을 포기하였다. 진보주의자인 김원봉이 이처럼 반공적 국민당과 손잡을 수 있었던 것은 그가 철저한 민족주의자였기 때문이다. 김원봉은 국내의 대중 운동을 이끌었지만 중국 공산당의 편은 들지 않았다.

장제스는 난징에 온 김원봉에게 지원을 약속하였다. 장제스는 김원봉이 이끄는 의열단 군인의 능력을 북벌 전쟁에서 확인한 바 있었고,

의열단의 애국심을 깊이 존경하였기 때문에 순순히 허락하였다. 의열단은 국민당 정부와의 합작이 순조롭게 진행되었다.

"중국 정부의 강력한 지원만 있으면 일본, 만주, 국내에서 독립 운동의 중심에 서서 항일 투쟁을 전면적으로 펼쳐 나갈 수 있다."

김원봉은 이렇게 굳게 믿었다. 그러나 장제스의 국민당 정부는 김원봉의 생각대로 적극적이지 않았다. 항일 정책이 소극적이었다.

"처음부터 크게 믿지 않았지만……."

큰 기대 뒤엔 큰 실망이 있게 마련이다. 그러나 김원봉은 국민당 정부에 손을 뻗치면서 한편으로는 조선 민족 해방 운동가들을 폭넓게 한데 뭉치도록 하기 위하여 여기저기 분주히 뛰어다녔다. 김원봉은 먼저 애국단 단장 김구부터 만났다.

"백범, 일본에게 항거하기 위해서는 각 단체들이 힘을 한군데로 모아야 하오. 각 단체들의 통일이 필요하오. 애국단도 적극 이 운동에 참가해 주어야겠소."

"약산, 약산이 이 운동에 참여하려고 하는 것은 단체의 통일이 목적인 것보다 중국인에게 약산이 공산당이 아니라는 혐의를 면하기 위해서가 아니오?"

백범 김구는 고개를 내저었다.

"백범, 절대로 그렇지 않소. 중국 내에서 국민당과 공산당이 대결을 하고 있는 상황에서 진보(사회주의), 보수(민족주의)를 가릴 것 없이 민족 해방 운동가들이 단결하는 것이 중요하오."

"거듭 말하거니와 나는 거절하겠소. 나는 단체의 통일은 좋으나 한 이불 속에서 딴 꿈을 꾸려는 그런 운동에는 절대로 참가할 수 없소."

한 이불 속 딴 꿈이란 한 마음 속에 두 마음을 가진다는 뜻이다. 그러니까 약산 김원봉은 두 마음을 가졌다는 뜻이 된다. 김원봉은 여러 단체의 대표들을 두루 만나서 설득을 거듭했다. 그래서 애국단을 제외한 대부분의 단체들이 김원봉의 노력에 호응하였다.

　1932년 11월 10일에 한국 독립당, 신한 독립당, 조선 혁명당, 대한 독립당, 의열단 등 단체 대표들이 모여 '한국 대일 전선 통일 동맹'(약칭: 통일 동맹)을 결성하였다.
　"일본 제국주의의 통치를 무너뜨리고 독립 자유를 얻기 위한 투쟁에서 가장 중요한 일은 전선의 통일이다."
　통일 동맹은 이런 취지를 밝혔다.
　소극적으로 일본에 대항하는 장제스의 정책에 김원봉의 거대한 구상은 결실을 보지 못했다. 그러나 겨우 장제스 국민당 정부가 처음 약속한 혁명 간부 훈련 계획만 실천에 옮겨졌다.

1932년 10월 20일에 김원봉은 '삼민주의 역행사' (약칭: 역행사)의 책임자인 등걸을 통하여 자금을 받아 난징에 '조선 정치 군사 간부 혁명 학교' (약칭: 혁명 간부 학교)를 개교하였다. 삼민주의 역행사는 공산당 토벌의 핵심 기관이요, 사장은 장제스였다. 개교식장에는 쑨원과 장제스의 사진 및 태극기와 중국기를 걸어 놓았다.

"조선 독립, 타도 일본 제국주의, 중국 혁명 성공 만세!"

"조선 혁명 성공 만세!"

"간부 훈련반 만세!" 등의 표어도 걸어 놓았다.

"오늘의 훈련반 학교가 개교된 것은 우연의 일이 아니고, 의열단이 오랫동안 투쟁하는 과정에서 흘린 피의 대가입니다. 우리 앞에 펼쳐진 임무는 만주의 탈환에 있습니다."

김원봉은 교장의 자격으로 식사를 통해 이렇게 강조하였다. 이때 입학한 훈련반 학생으로 윤세주, 이육사가 있었다. 이육사는 '청포도', '광야' 등의 시를 쓴 유명한 시인이었다.

1934년 4월 초순, 김구가 부하 1명을 데리고 혁명 간부 학교 제2기생의 교육 상황을 보러 왔다.

"오늘, 우리 독립 운동의 지도자이신 백범 김구 선생의 방문을 환영합니다. 학생들은 백범 선생의 좋은 말씀을 듣고 마음속 깊이 새겨 두고 조국이 독립될 때까지 투쟁에 앞장서기를 바랍니다."

김원봉이 김구 선생을 소개하자 학생들은 뜨거운 박수를 보냈다.

"오늘 여러 학생들과의 만남을 매우 기쁘게 생각한다. 나는 과거 30년간 '정의'라는 두 글자를 염두에 두고 외롭게 투쟁을 계속해 왔다. 최후의 승리는 일본과 소련이 전쟁을 할 때에 이룰 수 있다고 생각한다. 제군들은 졸업을 하고 나서 혁명을 위하여 최후까지 분투할 것을 바란다."

김구는 연설을 끝내고 만년필 한 개씩을 선물했다. 그 만년필에는 별에 태극기 모양을 넣었다. 김구는 혁명 간부 학교의 학생들을 허난성에 있는 뤄양 군관학교에 입학을 하도록 권유하러 왔던 것이다. 김원봉은 김구와 사이가 그리 좋지 않았다. 그러나 넓게 생각해서 김구의 청을 들어주기로 약속하였다. 혁명 간부 학교 제2기생 가운데 20여 명을 뽑아 그해 4월 10일경 뤄양으로 보냈다. 이런 일로 하여 김구와 김원봉이 손잡을 수 있는 기회가 열리게 되었다. 혁명 간부 학교는 여러 가지 어려운 사정으로 난징 성내의 구석진 곳인 화로강이라는 낡은 절로 옮겼다.

1933년 말 난징에서 의열단 제7차 총회가 열렸다. 일본 제국주의 타도, 노동 혁명, 무장 투쟁 등 강령을 발표하였다. 이 강령은 의열단의 기본 방향을 다시 한 번 확인하였다.

"의열단의 명칭을 사회주의 노선에 좀 더 적합하게 고쳐야 한다."

"명칭은 조선 혁명 무장 동맹으로 하자."

"의열단이란 이름은 무력 혁명을 하는 민족주의 단체로 알려져 있다. 사회주의를 향하고 있는 의열단의 이름으로는 적합치 않다."

회의에 참석한 혁명 간부 학교 제1기생들의 일부가 의열단의 명칭을 바꾸자고 하였다. 그러나 김원봉과 대부분의 의열단원들은 적극적으로 반대하였다.

"중국 정부가 의열단이 많은 공적을 쌓은 것을 알고 원조를 할 만큼 했다. 의열단의 이름을 바꾸게 되면 앞으로 원조를 받는 데 어려움이 있을 것이다."

김원봉은 이렇게 반대하고 끝까지 의열단의 이름을 지키기로 했다.

10. 민족 혁명당 결성

일본의 침략은 더욱 거세지고 전쟁의 위기에 놓이게 되었다. 이렇게 되자 제국주의를 반대하는 민족 통일 전선 운동이 활발히 전개되었다. 지금까지 한국 대일 전선 통일 동맹이 있었지만 이 단체로서는 활동을 하기에 약한 점이 많았다. 통일 동맹은 각 단체의 연락 기구에 지나지 않았다. 그러니 각 단체의 힘을 하나로 묶는 데는 문제가 많았다.

김원봉은 모든 힘을 하나의 당으로 모아야 된다고 역설하였다. 김원봉은 당을 새로 결성하기로 하였다.

그때 상하이 임시 정부의 중심 세력인 한국 독립당의 김구는 김원봉의 신당 창당을 반대하여 참여하지 않았다. 의열단은 사회주의 단체라는 이유 때문이었다.

"단장님! 백범 선생이 해도 해도 너무합니다. 뤄양 군관학교 학생 모집에 기꺼이 응해 주기까지 했는데, 백범 선생은 '민족 운동의 적'입니다."

김구에게 만년필을 선물로 받았던 의열단 청년들이 분개하면서 김구를 성토했다.

"그런 소리 하는 게 아니야. 백범 선생은 언젠가는 우리 편이 될 거야."

김원봉은 김구를 끌어들이기 위한 노력을 버리지 않았다.

1935년 7월 5일에 통일 동맹을 해체하고 신당을 결성하였다.

'조선 민족 혁명당'

신당의 명칭은 이렇게 정하고 줄여서 민혁당이라고 했다. 민혁당은 김구를 영입하기 위해 위원장을 공석으로 두고 김원봉을 서기장으로 뽑았다.

민혁당은 기관지〈우리들의 생활〉, 선전 기관지〈민족혁명〉, 한문으로 번역한〈반도〉를 동시에 발간하였다. 그리고 김원봉의 부인 박차정은 당원의 가족을 규합하기 위해 1936년 7월에 '난징 조선 부녀회'라는 부인 단체를 결성하였다. 부녀자들도 독립 투쟁에 가담하여야 한다고 역설하기도 했다.

민혁당은 먼저 민족 해방군을 양성하기 위한 일이 급하다고 믿었다. 신당의 결성 때문에 잠시 중지되었던 혁명 간부 학교 제3기생을 다시 모집하고 혁명 간부를 양성하기로 하였다.

일본은 화베이를 침략했다. 화베이는 중국 북부 지방을 통틀어 일컫는 말이다. 장제스 국민당 정부는 혁명 학교 학생들의 훈련을 중지하도록 요구하였다.

이것은 민혁당의 민족 해방군을 부정하는 것이었다. 민혁당은 할 수 없이 청년 간부 양성을 그만두고 당의 군사, 특무, 당무부에 소속시켜 활동하게 했다.

민족 해방군의 양성은 포기되었다. 이청천 부장의 군사부 소속원들은 화베이나 만주로 파견되어 그곳에서 일본에 항거하는 무장 투쟁을 벌였다. 또 특무부는 화베이, 상하이, 광둥, 난징, 난창, 뤄양, 만주 등의 주요 도시에 가서 정보 수집, 암살, 파괴 활동을 하였다.

민혁당은 5개의 당이 합쳐져 결성되었지만 실제로는 여러 단체가 완전히 통합되지 않았다. 공산당과 김구가 참가하지 않았기 때문이다. 김구는 마침내 애국단과 임시 정부의 고수파와 합쳐 한국 국민당을 창당하였다.

"사회주의자와 민족주의자는 결코 서로 어울릴 수 없다."

민혁당 창당 후 두 달 만에 조소앙을 비롯한 몇 사람들이 이렇게 탈당 이유를 밝히고 민혁당을 떠났다.

그러나 김원봉은 민혁당의 당세를 늘리기에 안간힘을 썼다. 그러나 민혁당 안에서의 갈등이 큰 문제였다. 끝내 이청천이 이끄는 세력과 결별하고 말았다. 민혁당의 세력은 쪼그라들고 말았다. 민혁당이 분열을 거듭한 이유는 통합된 5개 세력의 주장이 각각 달랐기 때문이다. 또한 분열을 막지 못하도록 압력을 넣을 대중과 대중 단체가 없었기 때문이다.

김원봉은 지금까지 만주사변을 계기로 나빠진 중국과 일본의 관계를 좋은 조건으로 삼아 장제스의 국민 정부에 의존하면서 민족 해방

운동을 실행해 왔다. 그러나 소극적인 장제스의 국민당 정부의 지원은 그리 넉넉하지 못했다. 그래도 김원봉의 의지는 굽혀지지 않았다. 민족 해방 운동을 위해 일찍이 몸 바쳐 온 김규식, 김두봉, 최동오 등과 좋은 관계를 가지려고 애썼고, 멀리 조국에서 조국 해방의 큰일을 위해 오는 젊은이들을 맞아들여 그들과 고락을 같이하였다.

김원봉은 세계 대전이 일어날 것을 믿고 그날을 대비하기 위해 청년들을 양성하여 훗날 해방 운동의 전사로 키워 나갔다.

일본 군대는 베이징에서 서남쪽으로 10킬로미터 떨어진 마르코폴로교에서 중국군을 습격하였다. 장제스는 곧 일본군과 대항하여 싸울 것을 선언하였다. 일본군은 1937년 8월 13일에 상하이를 침략하였다. 중·일 전쟁은 이렇게 시작되었다.

일본군은 1개월도 되지 않아 베이징과 톈진을 점령하였다. 장제스 국민당 정부는 그해 11월 8일 상하이에서 후퇴하였다. 12월 13일에는 수도 난징마저 포기해야만 했다. 일본군은 점령지 곳곳에서 약탈과 방화를 일삼았다. 난징 점령 후에는 죄 없는 중국 민중을 20만 명이나 학살하였다.

그들은 가는 곳마다 살인, 약탈, 부녀자 폭행을 일삼아 그 잔인함을 드러냈다. 이런 일본군의 야만적인 침략은 국제적으로 지탄을 받았다. 그뿐 아니었다. 중국민중의 일본에 항거하는 의지를 더욱 부추겼다. 장제스는 공산당과 손을 잡지 않으면 안 되었다.

김원봉은 난징의 교외 리산으로 장제스를 찾아갔다. 조선과 중국의 합작을 강조하고 지원을 요청하였다. 일본의 눈치를 더 이상 보지 않아도 된 장제스는 흔쾌히 허락하였다.

1937년 9월에 '중앙 육군 군관학교'에서 조선인 학생에게 군사 교육을 실시하기로 결정하였다. 대부분의 청년들은 김원봉을 따랐다.

"우리 조국 강토에서 일본 침략자를 몰아내는 것이 우리의 목적이고 사명입니다. 일본 침략자들을 몰아내는 데 가장 좋은 방법은 무장 투쟁입니다. 상대방이 말로 해서 듣지 않을 때는 두들겨 패는 수밖에 없습니다. 두들겨 패자면 힘이 있어야 합니다. 그러니 우리는 우선 힘부터 길러야 하겠습니다. 그것은 무장 투쟁에 대해 지식을 배우는 것이 대단히 중요합니다."

김원봉은 장시성 상쯔현의 중앙 육군 군관학교에 입학할 민족 청년

단원들에게 이렇게 연설을 하여 학생들로부터 열렬한 박수를 받았다. 폭탄과 권총으로 폭력을 행사해 온 사람답지 않게, 왜놈들이 목에다 많은 현상금을 걸고 있는 사람답지 않게 김원봉의 모습은 병원 원장이나 학교의 교장 선생님처럼 점잖고 온화하기 그지없었다.

백 수십 명의 청년들은 1937년 8월 10일에 6개월 과정의 중앙 육군 군관학교에 입학하였다. 그러나 중앙 육군 군관학교에서 교육을 실시한 지 얼마 안 되어 그해 12월 29일에 일본군에게 쫓겨 후베이 장링으로 옮아가 교육을 받아야만 했다. 학생들은 정치 교육을 받으면서 실제로 확성기를 통해 적과의 심리전, 적의 포로 심문 요령, 적의 문서를 알아내기 등 특수 교육을 받았다.

김원봉은 민족 통일 전선을 결성하고 중국과 조선의 합작을 더욱 굳건히 하기 위해 분주히 뛰어다녔다.

"중국에 있는 조선인들도 일치단결해야 한다. 이제 흩어져 있던 독립 단체들도 합쳐야 한다. 일본을 무찌를 수 있는 길은 그것뿐이다."

중국의 국민당과 공산당이 합작하자 조선 독립투사들의 여론도 한데 뭉쳐 일본에 대항하자는 쪽이었다. 일본 공군 비행기가 끊임없이 공습을 하여 공포와 긴장감이 감돌았다.

"일본과 싸우고 있는 중국을 돕기 위해서는 조선 민족의 단결이 필요하다. 조선인들이 중국과 결합하기 위해서는 조선 민족의 전 혁명 세력이 빠짐없이 참여하는 조직이 필요하다."

김원봉은 민혁당을 비롯하여 해방 동맹, 혁명자 연맹 등 3당을 중심으로 통일 전선 운동에 노력하기로 하였다.

'조선 민족 전선 통일 촉진회'

3당이 결성한 단체 이름이다. 1937년 11월 15일에 우한에서 정식으로 조선 민족 전선 연맹을 결성하였다. 약칭 민족 전선이라고 불렀다. 대표로 김원봉이 이사장이 되었다. 민족 전선은 각 단이나 당의 이름을 그대로 두고 연맹 형태로 조직되었다. 아직도 여러 정당이 다 합쳐지지는 않았다.

김원봉은 한국 국민당(대표: 김구), 한국 독립당(대표: 조소앙), 조선 혁명당(대표: 이청천) 등 민족주의 여러 정당과도 하나로 뭉치도록 활발히 접촉하였다.

1937년 11월 31일에 김원봉은 민족 전선 이름으로 '중국 동포에게 고함'이라는 글을 발표하여 중국과 조선의 민족 연합 전선을 강조하였다. 이동녕, 김구, 조소앙 등 민족주의자들을 만나 통일 문제를 계속 논의하였다. 부인 박차정을 파견하여 일본을 향하여 라디오 방송을 하게 했다. 그리고 오랜 감옥살이 끝에 숨진 도산 안창호의 추도회를 열었다.

"계급과 사상을 가리지 않고 총 단결하여 무장 궐기를 하자."

김원봉은 이렇게 부르짖으며 독립의 열기가 식지 않도록 온갖 노력을 하며 민혁당의 기관지 조선민족전선 잡지를 창간하고 항일 독립운동에 적극 참여하였다. 항일 민족 단체들끼리의 대동단결을 위한 시도는 별 성과를 거두지 못했다.

"공산주의 세력이 독립 운동을 방해하고 있다. 민족주의 세력이 중심이 되어 독립 투쟁을 벌여야 성공할 수 있다."

김구는 민족주의 단체의 단결에 노력하여 한국 국민당, 한국 독립당(한독당), 조선 혁명당, 그리고 하와이의 6개 단체와 연합하여 한국 광복 단체 연합회를 조직했다. 그리고 위와 같은 선언문을 발표하였다. 김원봉과 민혁당에 대한 반대의 입장을 분명히 하였다. 결국 독립 단체는 둘로 나누어지게 되었다.

11. 깃발을 높이 든 조선 의용대

　일본군이 중국을 차지하려고 100만 대군을 동원하여 공격해 왔다. 중국의 장제스의 국민당 군대는 처음부터 일본군에게 밀려 상하이를 잃었다. 곧바로 수도 난징마저 빼앗기고 말았다. 일본군은 이듬해에 화베이 지방을 빼앗고 양쯔 강 깊숙이 물밀 듯이 쳐들어가 국민당의 본거지인 우한 지방을 손아귀에 넣었다.

　우한은 과거 신해혁명이 일어난 곳이었고 북벌 전쟁 때는 혁명 정부의 수도로 혁명의 전통이 밴 유서 깊은 곳이다. 그때 중국의 운명은 풍전등화 같았다. 장제스의 국민당 정부의 수뇌부는 쓰촨성의 충칭으로 수도를 옮겨 갔다.

　중국 국민당과 공산당이 손을 잡았다. 이것은 국민당과 공산당이 서로 원수가 되어 싸운다면 중국 국민이 용납하지 않을지도 모른다는 우려에서였다. 국민당과 공산당이 합작하지 않을 수 없는 이유가 바로 여기에 있었다. 국민당은 공산당을 합법 정당으로 인정하고, 공산당은 장제스가 위원장인 중국 군사 위원회의 지휘를 받게 되었다. '오월동주'라는 말이 걸맞게 서로 합쳐질 수 없는 사이인데도 같은 배를

탄 꼴이었다.

　중국의 국민당과 공산당은 이 위기를 헤쳐 나가기 위해 있는 힘을 모아 싸웠다. 일본에게 나라를 빼앗기고 중국에 와 반일 활동을 하던 우리 독립 운동가들에게도 아주 좋은 기회였다.

　김원봉은 국내외에 흩어져 있는 청년들에게 떨쳐 일어나 항일 전쟁에 적극 참가할 것을 호소하였다. 중국 여러 곳에서 이 호소에 응하여 청년들이 몰려왔다. 김원봉은 큰 힘을 얻어 김구를 찾아갔다.

　"조선 의용대를 조직하여 통일된 군대를 가져야겠소."

　김원봉은 김구가 이끄는 광복 단체 연합회에 조선 의용대를 조직할 것을 제안했다. 이것은 민족 전선의 주요 사업의 하나인 무장 부대 창설이었다. 김구의 한독당의 반응은 시원치 않았다.

　"할 수 없다. 단독으로 무장 군대를 조직할 수밖에……."

　김원봉은 1938년 10월 10일에 '조선 의용대'를 창설하였다. 민족 혁명당이 중심이 되어 조직되었다. 비록 조직이나 예산이 중국군에 예속되기는 했지만 중국 정부의 인정을 받은 것은 큰 뜻이 있다고 볼 수 있었다.

　조선 의용대는 무장한 군대가 아니었기 때문에 우한 전투에는 참전할 수 없었다. 그래서 구이린으로 이동하였다. 구이린은 낙타 등같이 생긴 산들이 병풍처럼 여기저기에 펼쳐져 있었다. 그 사이로 맑은 강이 흘러 작전 지역으로는 아주 좋은 위치이다.

　"조선 민족은 반드시 모든 힘과 방법을 다해 중국 항일 운동을 도우며, 중국 항일 운동을 원조하여 조선 혁명의 성공을 촉진한다. 우리가 지금 항일 운동에 참가하는 것은 조선 국내에서 대중 투쟁을 하는 것과 마찬가지로 중요하다. 조선 의용대의 임무는 두 가지이다. 첫째, 중국의 항일 운동에 적극 참가하여 중국 지사들과 어깨를 같이하여 피를 흘리며 싸우는 것이고, 둘째 2천만 조선 민족에게 호소하여 전 민족적 항일 혁명을 일으켜 중국의 항일 운동을 지원하는 동시에 조선 민족 자신의 해방을 쟁취하는 것이다."

김원봉은 조선 의용대의 창설에 즈음하여 이렇게 말했다. 중국의 장제스도 조선 의용대의 창설에 지지를 보냈다. 중국의 장제스에겐 조선 의용대가 위기에 처한 자신들을 도와주기 위한 국제 지원군이라고 여겼다.

조선 의용대는 중국의 지원을 받아 힘을 키우고 나아가서 만주를 쳐서 국내로 진공할 독립군이 되고자 했다. 이때부터 조선의용대의 항일전이 시작되었다.

조선 의용대의 총대장은 김원봉이 맡았다. 조선 의용대는 2개 지대로 편성하고 제1지대는 4개 분대로 조직했다. 제1지대는 주로 의열단 및 민족 혁명당계의 청년으로서 지대장은 박효삼이었다. 제1지대는 중국군의 제9전군인 창사를 중심한 후난성과 장시성에 배치되었다. 2지대는 주로 조선 민족 전위 동맹계의 청년들로서 지대장은 이의홍이었다. 중국군의 제5전구인 노하구 등의 후베이성과 뤄양을 중심으로 한 후난성에 배치되었다. 전위 동맹 간부들과 제2지대는 그 후 거의

다 옌안으로 갔다.

    일본군은 중국 내륙의 우창, 한커우, 한양 등 우한 지구를 향하여 물밀 듯이 쳐들어 왔다. 조선 의용대는 창설 즉시 죽음을 무릅쓰고 우한 방위 전투에 100여 명이나 참전하여 용감히 싸웠으나 힘이 부족했다. 일본군은 25개 사단의 100만에 이르는 병력으로 공격했기 때문에 후퇴하지 않으면 안 되었다.

    1938년 10월 22일에 조선 의용대는 우한이 함락되기 직전 우한을 떠나야 했다. 3일 후인 10월 25일에 일본군에 의해 함락되고 말았다. 이 전투는 국민당의 실패로 끝났다.

    김원봉은 1938년 12월 3일에 조선 의용대를 이끌고 구이린에 도착하여 민족 전선 및 의용대의 본부로 삼았다. 중국군에 속해 있던 의용대원들은 전선에서 용감히 싸웠다.

    제1지대는 석성만 전투에서 공격을 하여 탱크 2대, 자동차 8대를 폭발시켜 훌륭한 전과를 올렸다.

    영산의 야간 습격으로 대포 2문, 중기관총 10자루, 군마 28필, 통성에서는 200명의 일본군을 투항해 오게 했다. 그 밖의 여러 곳에서 야간 침투 습격을 통해 많은 전과를 올렸다.

    제2지대는 핑한로(평한로)에서 고려촌까지 50킬로미터의 철로를 폭파하였고, 그 밖의 여러 곳에서도 전과를 올렸다. 또, 진지에서 또는 적의 후방에 들어가서 정보 수집을 하거나 포로를 교육하고 적을 와해시키는 일을 하기도 하였다.

"너희들이 왜 개죽음을 하려 하는가? 아까운 목숨 버리지 말고 투항하라. 그러면 너희들의 앞날은 안전하고 편안할 것이다."

적진 앞 200미터에서 300미터까지 접근하여 큰 목소리로 외쳤다. 적의 사기가 떨어지는 데 큰 효과를 거두었다. 특히 일본군 포로를 교육시키고, 비정규전의 심리전에도 뛰어난 능력을 발휘하였다.

조선 의용대의 선전대는 중국 내에 있는 조선인과 중국 민중에게 일본에 대항하는 선전 활동을 전개해 나갔다. 표어, 전단, 벽보, 만화를 통한 선전물을 뿌리는 방식이었다.

의용대가 뿌린 표어, 전단, 통행증은 훌륭한 작용을 하였다. 귀순 전단을 보고 적군이 통행증을 주워 갖고 오게 했다. 또 가무, 연극을 통해 항일 의식을 고취하여 큰 호응을 얻었다.

그뿐이 아니었다. 매주 두 차례에 걸쳐 조선말 방송을 하였다. 내용은 조선 내 동포와 중국, 미국에 있는 교포들에게 일본 제국주의의 조선 침략과 중국 침략에 대한 상황을 폭로하는 것이었다. 아울러 국내 동포와 해외 교포들에게 항일 운동에 일어나서 싸울 것을 강력히 호소하는 것이었다.

일본 군인들에게는 일본말 방송으로 일본 군벌들이 중국과 조선을 침략한 죄악상을 고발했으며, 일본군 사병들은 의용대로 귀순하여 공동으로 일본 군벌을 물리칠 것을 호소하는 것이었다. 그때 일본은 많은 조선 청년들을 강제로 징집하여 침략 전쟁의 이용물로 삼았다.

일본군 포로 가운데 강제로 일본군에 끌려간 오무성 등 조선인 청년들이 31명이나 있었다. 교육을 받고 조선 의용대에 편입하여 전선으로 나갔다.

"여러분들이 전선으로 가는 것은 목숨과 바꾸는 어려운 일입니다. 실패 앞에서 낙심하거나 성공 앞에서 교만해서는 안 됩니다. 여러분의 성공을 기원합니다."

의용대 대장 김원봉은 이렇게 인사말을 하고 그들을 격려하였다.

"우리들이 오늘 전선으로 떠나는 것은 우리들의 직분입니다. 우리의 2천만 동포들이 아직도 적들의 짓밟힘 속에 신음하고 있는데 누가 그들을 깨우쳐 주며, 누가 구원하겠습니까? 우리는 자기가 해방을 얻었다고 해서 그들을 잊어서는 안 됩니다. 우리는 인류의 공동 해방 사업을 위해 분투해야 합니다."

전선으로 나가는 신입 의용대 대표의 발언이 모두에게 커다란 용기가 되었다.

조선 의용대는 무력으로 투쟁하는 것보다 선전 활동을 위주로 전개하여 큰 성과를 거두었다.

1939년 말, 의용대는 제1지대 일부와 일본군 귀순자(일본군에 끌려간 조선인 청년)와 신입 대원들을 합쳐 제3지대를 만들었다. 의용대의 대원 수가 3배 가량 늘어났다. 제3지대는 일본군에 대한 선전 공작으로 전단을 살포하고 표어를 인쇄하여 뿌렸다. 그 성과가 매우 컸다.

중국의 국민당 정부는 쓰촨성의 충칭으로 수도를 옮겼다. 충칭은 우리 독립 운동의 성지라 할 수 있다. 우리의 임시 정부와 광복군 사령부 그리고 조선 의용대 본부도 충칭으로 옮겨 왔다. 김원봉이 이끄는 민족 전선과 김구가 이끄는 광복 단체 연합회도 1939년에 본부를 충칭으로 옮겼다.

김원봉은 충칭과 의용대 본부가 있는 구이린을 오가며 반일 투쟁을 지도하면서 김구 등 보수파들과의 단결을 다시 시도하였다. 충칭은 양쯔 강과 자링 강이 마주치는 삼각주에 시가지가 있다. 옛날 삼국지에 나오는 유비의 촉나라 땅이기도 하다.

일찍부터 프랑스와 일본의 조계지가 있을 정도로 제국주의 강대국의 표적이 되어 온 곳이다. 그래서 주민들의 반제국주의 의식이 강하게 배어 있었다. 우리의 임시 정부와 독립 단체들이 여기로 온 것은 우연이 아닐지도 모른다.

김구는 김원봉의 민족 전선과의 합작을 하기로 했다.

"공산주의자와 사회주의자들과는 결합하지 않는다."

이렇게 거부해 오던 김구로서는 참으로 큰 태도의 변화가 아닐 수 없었다. 김원봉과 김구의 노력으로 1939년 8월 27일에 한국 국민당, 한국 독립당, 조선 혁명당, 조선 민족 혁명당, 조선 민족 해방 동맹, 조선 청년 전위 동맹 등 7개의 당 대표가 모여 회의를 열었다.

"우리는 하나로 뭉쳐 단일의 당을 만들어야만 광복의 문을 열 수 있습니다. 모두 자기 당의 고집을 꺾고 마음을 비워 대동단결합시다."

김원봉의 단일 당의 주장에 조선 민족 해방 동맹, 조선 청년 전위 동맹은 자기들의 주장과 다르다고 이탈했다. 5개의 당만이 모여 전국 연합 전선 협회를 결성했다. 그러나 거기에도 의견의 일치를 보지 못해 김원봉이 5당 회의를 탈퇴하고 말았다. 단결해도 어려운 일인데 이렇게 각 당이 제각각이었으니 참으로 안타까운 일이라 아니할 수 없다.

한독당의 김구와의 합작에 실패한 김원봉은 안으로는 의용대나 민

족 전선 내의 사회주의자들로부터 불신을 사게 되었고, 밖으로는 한독당 일파의 보수적 민족주의자들의 공격을 당하여 그의 지도력이 큰 시련에 부딪치게 되었다.

1940년에 접어들면서 더 이상 전 중국을 다 점령하는 게 어렵다는 사실을 알게 된 일본군은 공격의 속도를 늦추었다. 전투는 더 이상 벌어지지 않았다.

조선 의용대는 뤄양에서 3개월간의 강화 훈련을 마친 후 적의 후방 화베이 지구로 출동하였다. 중국 공산당이 이끄는 팔로군(국민혁명군 제8로군)에 합세하여 항일 유격전을 전개하고 유격 근거지를 이룩하려고 했다.

전투 장소는 팔로군이 점령하고 있던 화베이 지구였다. 팔로군은 유격전으로 타이항 산맥에 항일 근거지를 만들었다. 중·일 전쟁 때에는 4만여 명에 지나지 않던 팔로군이 1940년에는 40만의 대병력으로 불어났다. 그 세력이 하늘을 찌를 듯했다.

일본군은 국민당과 공산당의 파괴를 노려 국민당에는 유화 정책을 쓰고, 공산당에는 강경 정책을 썼다. 그래서 공산당의 팔로군이 있는 화베이에 40만 대병력을 동원하여 공격을 했다. 화베이로 간 의용대가 팔로군과 결합하여 활동을 전개하였다. 그때 팔로군은 크나큰 손실을 입었다. 전사자가 2만 2천 명이나 되었다.

"의용군이 팔로군에 의해 회유될지도 모른다. 그러면 화베이는 공산당 천지가 되는 것이 아닌가? 이러고 있을 때가 아니다."

충칭에 있던 김원봉은 화베이로 가서 의용대의 지도권을 확고히 장악해야겠다고 마음먹었다.

중국 공산당 대표인 저우언라이에게 화베이로 가겠다고 신청했다. 조선 의용대는 중국군의 지휘를 받고 있었기 때문에 지휘관이 움직일 때는 당국의 허락을 받아야 했다.

"약산이 여기 충칭에 머무는 것이 혁명을 위해서 더 좋은 일이 될 것이오. 화베이로 간 의용대는 누구의 지시로 간 것이 아니고 자신들의 주관적 판단에 의해 이루어진 것이오."

저우언라이는 이렇게 거절하고 김원봉의 화베이행을 막았다. 김원봉의 짐작은 맞아떨어졌다. 김원봉의 실망은 매우 컸으며 심한 갈등도 겪어야 했다.

김원봉의 화베이행을 막은 이유는 자본주의자, 기회주의자, 영웅주의자로 몰아 불신하였기 때문이고, 김원봉이 화베이로 가면 의용대의 지도권을 그들이 믿고 있던 무정이 장악할 수 없음을 걱정하였기 때문이다. 김원봉으로서는 참으로 불행한 일이 아닐 수 없었다.

같은 독립군 진영에서도 보수파 쪽에서는 사회주의자로 몰았고, 진보파 쪽에서는 민족주의자라고 몰았다. 김구와의 합작 실패가 그 보기의 하나다. 또 국외에서도 똑같은 대접을 받았으니 안타까운 일이 아닐 수 없다.

1941년에 중국에서는 환난사변이라는 큰 불상사가 일어났다. 일본과의 전쟁을 위한 국민당과 공산당의 합작은 처음부터 순조롭지 않았다. 국민당의 정부군과 공산당 팔로군, 신사군 사이에 여러 차례의 심각한 군사 충돌이 있었다.

충돌 이유는 서로 관할 작전지를 넘지 말아야 하는 약속을 어긴 것이 빌미가 되었다. 양쯔 강 이북 지역에서만 활동하기로 한 안후이성의 신사군이 양쯔 강 이남으로 활동 범위를 넓힌 데서 비롯되었다.

팔로군과 신사군은 중국 공산당 지휘를 받는 군부대다. 팔로군은 국민혁명군 제8로군의 약칭이며, 신사군은 국민혁명군 신 제4대의 약칭이다. 이 두 군부대는 형식적으로는 국민 정부군에 속해 있었다. 그러나 조직은 중국 공산군으로 되어 있었기 때문에 충돌의 불씨를 늘 안고 있었다.

중국 국민당 정부는 신사군을 황허 강 이북 지역으로 이동하여 항일 전쟁을 할 것을 명령했다. 그러나 신사군은 환난에서 상하이, 항조우의 국민당 정부군 지역으로 진입할 태세를 갖추었다. 국민당 정부는 명령 위반이라고 신사군을 국민당 군이 공격을 했다. 이것이 환난 사변이다. 신사군은 많은 희생자를 내게 되었다.

이 사건으로 국민당 정부는 중국 각계뿐 아니라 세계 여론의 규탄을 받게 되었다. 함께 힘을 합하여 일본에게 대항하여야 될 마당에 동족끼리 총부리를 돌리고 유혈 충돌을 벌였으니 안타까운 일이고 한심한 일이었다.

"지금 중국의 적은 일본이다. 국민당의 횡포에 마땅히 대응해야 하나 동족끼리의 충돌은 자제해야 한다."

공산당의 마오쩌둥은 국민당과 공산당의 합작을 당분간 지속하기로 선언했다. 그러나 그것은 화약고나 다름없었다. 언제 터질지 모르는 일이 아닐 수 없었다. 일본이 패망하면 서로 주도권을 잡으려고 내전을 일으킬 요인은 안고 있었다. 그것은 훗날 일본이 패망하고 중국 본토는 공산당이, 국민당 정부는 타이완으로 밀려나 오늘까지 대립하

고 있는 것을 보면 알 수 있다.

김원봉은 팔로군에 기울어져 있던 의용대원들에 대한 설득을 멈추지 않았다. 의용대원은 그대로 팔로군이나 신사군 지역에 있었다.

"조선 의용대는 조선 민족을 대표하는 자주 독립 부대다. 우리는 중국의 외교의 대상일 뿐이지 중국의 한 당파가 아니다. 중국 내부의 문제는 중국의 문제다. 그런 문제에 깊숙이 말려들어서는 안 된다. 조선 의용대는 중국 민족과 상호 평등 원칙 위에서 일본을 무찔러야 한다. 우리는 전 세계를 상대해야 한다. 조선 민족 운동은 항일 운동이다. 우리는 중국 일개 지방에만 매달려서는 안 된다."

김원봉은 독립 운동의 중심이 연합국과 직접 통하는 충칭이 되어야 한다고 주장했다. 이것은 의용대원이 팔로군이나 신사군에 흡수되는 것을 경계하는 것이 된다. 이처럼 의용대원이 이탈하지 않게 안간힘을 썼으며 국민당 지구로 철수시킬 방책을 마련하려고 애썼다.

"의용대원들이 설령 공산당원이 아니더라도 이제는 붉은 물이(공산당) 들었을 것이므로 이리로 데려와 봤자 마음 놓고 같이 일을 할 수도 없는 처지이니 그들에 대한 미련을 버리시오."

국민당 정부는 김원봉의 노력에 부정적이었다. 의용대를 철수시키는 일은 실패로 끝나고 만 셈이었다.

1940년 11월 4일에 조선 의용대 확대 간부 회의에서 의용대의 화베이 진출을 결정하고 뤄양으로 올 때는 장차 만주로 이동할 것까지 김원봉은 계산하였다.

그러나 김원봉의 그런 계산은 빗나가고 말았다. 김원봉은 조선 의용대의 작전을 주도하기 위해 측근인 신악, 윤세주, 박효삼 들을 파견하였는데, 신악은 폐결핵으로 병석에 눕게 되었고, 윤세주는 편성 전투에서 전사하였다. 민족주의 성향이 짙고 만주로 갈 것을 고집하던 윤세주의 진영이 무너진 것이다.

이제 화베이 지구에 남았던 의용대는 팔로군에 전부 의존할 수밖에 없었다. 결국 중국 공산당 밑으로 완전히 흡수되고 조선 의용군으로 이름을 바꾸고 충칭의 임시 정부 및 광복군 그리고 김원봉과는 인연을 끊게 되었다.

12. 임시 정부에 참여하다

　1941년 10월, 임시 정부는 중국 정부에 대해 '우리의 임시 정부를 망명 정부로 정식 승인해 줄 것'을 요청하였다. 임시 정부의 이러한 요구는 전혀 새삼스러운 것이 아니었다. 때늦은 감은 있었다. 그러나 시기적으로 보아서는 적절했다. 우리 임시 정부는 상하이 시절부터 '임시 정부'를 정식 승인해 달라고 계속 요구했다. 그러나 아직까지도 중국 정부의 승인을 얻지 못했다. 비록 남의 나라 땅에 망명 와서 세운 정부이지만 여러 나라의 승인이 필요했다. 여러 나라에서 승인을 받지 못한 정부가 어찌 독립 운동을 제대로 할 수 있으랴? 더구나 중국 정부의 승인은 절대 필요했다.

　1941년 12월에 김원봉이 이끄는 민혁당은 임시 정부에 참여하고 한독당과 더불어 통일 협상에 노력하기로 결의하였다. 그 이듬해 10월에 임시 정부의 한독당은 민혁당의 임시 정부 참여를 승인하였다. 의용대도 자동적으로 임시 정부의 광복군에 편입되고 김원봉은 광복군의 부사령이 되었다. 계급은 중국군 소장이었다. 그때(1942년 12월 5일) 김원봉의 나이는 45세였다. 이때부터 김원봉은 임시 정부 테두리 안에서 민족주의자들과 함께 민족 해방 운동을 전개해 나갔다.

그때 세계 정세는 복잡하게 뒤엉키기 시작했다. 독일이 소련을 공격해 전쟁을 일으키자, 일본은 이 기회를 기다렸다는 듯이 1941년 12월 8일에 미국의 태평양 함대 기지인 하와이 진주만을 기습 공격하여 태평양 전쟁을 일으켰다. 그 여세를 몰아 필리핀, 말레이시아 등 동남아시아를 침공하였다. 1942년 4월까지 일본군은 괌, 웨이키, 홍콩, 싱가포르, 미얀마, 인도차이나에 이르기까지 모조리 점령하였다. 일본의 야욕은 이렇게 엄청났다. 그러나 일본군의 기세는 1942년 8월 미드웨이 해전에서 미국 해군에게 패하고부터는 한풀 꺾였다.

미국의 루스벨트 대통령과 영국의 처칠 수상은 독재와 침략 정책에 반대하며 인류의 기본 자유를 수호한다는 대서양 헌장을 발표하였다. 우리 임시 정부는 이에 대한 지지 성명을 발표하였다. 프랑스도 이에 대한 지지를 보냈다. 중국 정부도 우리 임시 정부에 대해 많은 관심을 보이기 시작했다. 그러나 승인은 해 주지 않았다.

중국 정부의 승인도 중요했지만 우리 내부에 더 큰 문제가 있었다. 그때 임시 정부는 많은 문제를 안고 있었다. 문제는 우리의 망명 독립 단체들 간에 단합이 이루어지지 않는 데 있었다. 모든 망명 세력들이 똘똘 뭉쳤더라면 중국의 승인쯤은 쉽게 얻어 낼 수 있었을 것이다. 그리고 단결을 밑받침으로 해서 미국, 영국의 망명객들과도 활발한 외교 활동을 벌일 수 있었을 것이다. 우리끼리의 단합이 이루어지지 않은 상태에서 행해지는 외교 활동은 큰 효과를 거둘 수 없었다. 또 한 가지 아쉬운 점이 있었다. 임시 정부가 옌안에 망명한 우리의 독립 동맹 세력과 유대를 맺었어야 했다. 그랬더라면 전쟁 후에 소련과도 대등하게 교섭할 수 있었으리라 생각된다. 참으로 안타깝기 그지없었다. 임시 정부가 해외 망명자들을 포용하지 못했던 것은 두고두고 뼈아픈 교훈이 되고도 남았다.

그리고 화베이의 의용대와 그 밖의 독립 동맹 등을 끌어들이려고도 했다. 그의 소원은 오나가나 자나 깨나 조선 독립 운동의 대동단결이었다. 그러나 한독당의 소극적인 태도는 민혁당의 제의에 냉담했다. 아직도 민혁당의 노선에 반신반의하고 있었다. 김원봉의 뜻이 실현되기엔 넘고 넘을 산이 높았다.

1942년 10월에 임시 정부의 통합 의정원이 구성되었다. 참으로 뜻깊은 일이었다. 충칭에서 유일하게 임시 정부에 참가하지 못했던 민혁당이 통합 의정원에 참여하게 되면서 대동단결의 명실상부한 통일 임시 정부의 결실을 보게 되었다. 김원봉과 민혁당은 연합국과의 관계를 더욱 두텁게 하기 위해 노력하였다. 중국, 미국, 영국 등 연합국과의 협조는 대단히 중요한 일이었다.

광복군이 1943년 8월 말 미얀마(버마) 전선에 전지공작대로 8명을 파견해 활동한 것은 길이 남을 역사적인 일이었다. 공작대원 8명 가운데 6명은 민혁당 당원이었다. 이같이 미얀마 공작대가 민혁당 중심으로 결성될 수 있었던 것은 민혁당이 의열단 이래 많은 공적과 경험을 쌓았기 때문이었다. 미얀마 파견 공작대는 1945년 가을까지 유지

되었다.

김원봉은 미얀마 전지공작대 활동의 공로로 영국 여왕의 훈장을 받았다. 미얀마 공작대 파견은 임시 정부가 내세울 수 있는 유일한 연합국과의 공동 항일 작전으로 민족 해방 운동사에 큰 자취를 남긴 일이었다.

세계 정세는 급박하게 돌아가고 있었다. 이탈리아가 연합국에 항복하고 독일은 연합군에 의해 공격을 당하고 있었다. 일본군도 미군의 폭격으로 패색이 짙었다.

1943년 7월이었다. 미국의 루스벨트 대통령, 영국의 처칠 수상, 중국의 장제스 주석이 이집트 카이로에서 모여 선언을 발표하였다. 이것을 카이로 선언이라 한다.

"미국, 영국, 중국 세 나라는 적당한 시기에 조선을 독립시킨다."

세 나라는 이렇게 약속하였다.

"'즉시'라는 말이 쓰이지 않고 '적절한 시기'라고 표현한 것은 아무래도 의심나는 말인데……."

임시 정부의 간부들이 한데 모여서 카이로 선언을 분석했다.

"보나마나 뻔한 사실이 아니오? 서로의 의견이 같지 않았으니 적당히 얼버무리는 말이란 걸 알아야지요."

김원봉의 예감은 맞은 셈이었다. 나중에 알려진 바에 따르면 장제스 주석은 즉시 우리의 독립을 지지했으나 루스벨트는 우리 조선이 당장 독립할 능력이 없다고 '즉시'라는 말에 반대하였다고 한다. 이것은 일본의 악의에 찬 선전 탓도 있고 우리 임시 정부의 외교 활동에 그 책임이 없지 않았다.

일본의 패망과 조선 독립이 눈앞의 현실로 다가오고 있음을 느끼게 되는 징조는 여기저기에서 나타나고 있었다. 유럽의 전 지역에서 연합군의 승리 소식이 바로 그것이었다. 임시 정부는 조선 독립의 그날을 맞을 준비를 하여야만 했다.

임시 정부는 드디어 중국에 있는 망명 세력 전체가 가담하는 통일 정부로 개편되었다. 주석은 한독당의 김구, 부주석에는 민혁당의 김규식, 그 밖의 국무위원과 7개의 부장 중 김원봉이 군무부장이 되었다. 조선 의용대도 광복군 제1지대로 편입되었다.

"의용대가 해산되는 것은 너무도 가슴 아프다. 의용대로 하여금 독립을 쟁취하리라 믿었는데……."

자기가 창설한 의용대가 광복군에 편입되는 게 어찌 가슴 아프지 않으랴!

"광복군도 우리의 군이다. 의용대원이 그 속에 있지 않은가? 조국의 해방을 위하는 길이니 목표만 이루면 되는 게 아닌가?"

김원봉은 이렇게 자위하면서 밤새워 술을 마시며 울었다. 어찌 그렇지 않겠는가? 자기가 창설하고 자기가 키운 의용대가 아닌가? 그러나 김원봉은 군무부장으로서 광복군을 지휘할 수 있었으니 그것으로 위안을 얻어야 했다. 대국적인 입장에서 일을 처리하고 민족 해방 운동의 군인으로 만들려고 투쟁을 전개해 나갔다.

"광복군 내의 분열은 있을 수 없다. 오직 단결뿐이다. 나의 파, 너의 파 하고 세력 다툼이 있어서는 안 된다. 이젠 광복군 밑으로 뭉쳤다. 조국 독립을 위해서 앞으로 나아가는 길만 있을 뿐이다."

김원봉은 한 번 일을 시작하면 아무리 험한 고비가 있더라도 끝을 내고야 마는 성미다.

임시 정부의 군무부장이 된 김원봉은 머지않아 광복군도 국내에 상륙하리라 믿고, 광복군의 힘을 기르기 위해 온갖 노력을 기울였다. 김원봉의 구상은 매우 컸다.

1. 적의 후방 화베이 지방에 민중들의 공작을 적극적으로 진행시키며, 국내에서도 민중 공작에 바탕을 둔 지하군을 조직한다.
2. 일본군에 끌려간 조선 병사들의 귀순 선전을 한다.
3. 여러 곳에 있는 조선인의 무장 단체들과 화베이에 있는 의용대를 임시 정부 아래로 끌어들여 훈련하고 동맹군의 원조를 얻는다.

김원봉은 광복군이 비행기를 타고 국내 후방으로 침투하는 데에 대해 미국과 접촉하기로 했다. 광복군 제2지대의 특수 훈련을 받은 요원들은 곧 국내로 들어갈 예정이었다.

충칭을 중심으로 한 우리 조선인 사회는 어느 때보다도 잘 단결되어 있었다. 어떻게 하면 조국의 독립을 앞당길 것인가 하는 오직 그 한 가지 마음뿐이었다. 우리가 전쟁에 좀더 크게 기여함으로써만 카

이로 선언에서 말한 '적절한 시기' 따위의 잡소리를 없앨 수 있다는 생각들이었다.

김준엽, 장준하 등 일본군에 끌려간 학병 수십 명이 일본군에서 탈출한 사건은 임시 정부나 광복군에게는 큰 충격이었고 또한 기쁨과 희망에 꽉 차 있었다. 일본의 패망을 읽을 수 있는 사건이었기 때문이다. 탈출하여 왔을 때 이들을 가장 먼저 맞이한 것은 전방공작대였다.

김원봉은 화베이에 남아 있는 조선 의용대원들을 임시 정부 밑으로 끌어들이기 위해 힘썼다. 조선 의용대는 옌안 나가평에 주둔하고 있었는데 이들을 데려오기란 현실적으로 불가능하였다. 또 조선 의용군 대장 무정은 김원봉의 뜻과는 정반대였다.

일본의 패망과 연합군의 승리가 눈앞에 다가오고 있는 시점이었다. 1945년 2월 4일부터 미국의 루스벨트 대통령, 영국의 처칠 수상, 소련의 스탈린 수상이 크림 반도의 얄타에서 회담을 했다.

"제국주의의 국가에 압박받고 있는 민족은 해방되면 민주적 절차에 따라 자기들 정부를 수립한다."

이렇게 선언한 회담에 임시 정부는 불길한 예감을 감추지 못했다. 조선의 독립을 보장한다는 말은 선언문 어디에도 없었다.

"우리가 언제 외세에 의존하여 독립을 얻자고 했나? 절대 아니다. 다만 그들의 협조를 얻으려 했을 뿐이다. 그들 강대국들은 결국 자기 나라 이익에만 신경을 곤두세우고 있는 게 아닌가? 전쟁이 끝나면 전리품을 챙기는 데 정신이 없을 것이다. 우리는 우리의 힘으로 꼭 조국의 독립을 이루고 말 것이다."

김원봉은 이럴 때일수록 더욱더 조국의 독립 의지를 불태워야 한다고 광복군 훈련에 열중했다. 김원봉은 중립적 입장에 서서 일을 처리해 나갔다. 장제스의 국민당도 김원봉이 '뜻이 큰 사람'이라고 인정했다. 임시 정부를 민족 해방 운동을 이끄는 기관, 외국의 승인을 받는 기관으로 발전시키려는 김원봉의 뜻은 좀처럼 이루어지지 않았다. 이것은 전쟁의 끝냄을 눈앞에 두고 강대국(특히 중국)의 이해타산, 국민당과 공산당의 대결 태세, 민족 해방 운동가들의 이해타산 등이 큰 이유였다. 그래도 김원봉은 임시 정부 내에서 젊은 진보파를 대변하는 위치에 서게 되어 그 위상이 높아졌다. 그만큼 김원봉은 헌신적으로 일을 전개해 나갔기 때문이다. 임시 정부는 민혁당과 결합하면서 대외적으로 목소리를 드높일 수 있었던 것도 김원봉의 위상과 깊은

관계가 있다고 볼 수 있다.

1943년은 김원봉에게는 큰 슬픔의 해였다. 아내이면서 독립투사인 박차정 여사가 관절염을 앓다가 사망하였다. 조국의 완전 독립을 보지 못하고 눈을 감은 아내 박차정 여사나 남편인 김원봉도 한이 맺히긴 다 마찬가지였다. 박차정 여사는 의용대 부녀부장을 지내면서 민족 해방 운동에 참여해 왔다. 그리고 의용대원(나중엔 광복군)들에게도 대단히 친절하였다고 한다.

그 후 1945년 1월에 김원봉은 김구의 주례로 최동선과 결혼식을 올렸다. 최동선은 민혁당 중앙 감찰 위원장이던 우강 최석순의 장녀이며 3·1소년단장, 조선 의용대 소년 단장을 지냈다. 김원봉에게는 20년이나 나이 차이가 있는 연하였다.

우강 최석순은 딸보다 20년이나 위인 김원봉과의 결혼을 허락하지 않았다. 그러나 우강 최석순도 딸의 주장을 굽힐 수 없어 결혼을 승낙하지 않을 수 없었다. 이때 충칭에서는 두 사람의 결혼이 이야깃거리가 되어 입에 오르내리기도 했다.

13. 아! 해방

    1945년에 일본의 무조건 항복으로 전쟁은 끝이 났다. 이 소식을 들은 조선인들의 감격을 어찌 말로 다 표현할 수 있으랴!
    "왜놈이 항복했다. 조선 독립 만세."
    우리 동포들은 목이 메어라 만세를 불렀다. 얼마나 기다린 것인가? 또 얼마나 많은 청년들의 목숨이 피로 물들었는가? 국내에서, 국외에서 동포들은 모두 얼싸안고 덩실덩실 춤을 추었다. 해방의 감격은 이렇게 벅차고 컸지만 그 뒤엔 실망의 그늘이 도사리고 있었음을 잠시 잊고 있었다. 우리가 우리의 힘으로 투쟁하여 승리를 거두었다면 얼마나 좋았으랴!
    "우리가 싸워 이겼다. 우리의 힘으로 나라를 찾았다."
    이렇게 외쳤으면 얼마나 좋았으랴! 물론 독립투사들의 투쟁도 있었지만 어쨌거나 강대국의 힘으로 해방이 된 건 엄연한 사실이 아닌가? 뭔가 개운치 않은 구석은 있었다.
    "우리 조선의 독립은 싸워서 얻은 것인가? 일본에게 빼앗겼던 나라를 우리 손으로 도로 찾은 것일까? 이름 모를 젊은 용사들의 흘린 피가 아니었다면 8·15 광복이 왔을까? 아니다. 이들의 투쟁도 한 몫이 되고도 남는다."

김원봉은 일본의 무조건 항복을 어떻게 받아들이는 것이 옳은지 이리저리 헤아려 보았다. 많은 생각들이 꼬리를 물고 일어났다. 어쨌거나 우리나라가 독립이 되었다는 것은 현실이었다. 설레고 기쁘고 벅차오르는 감정은 속일 수 없었다.

일본의 무조건 항복의 소식은 충칭 시내를 광란에 가까운 축제 분위기로 만들었다.

그날 밤 충칭 시내는 경축의 딱총 소리로 뒤흔들렸다. 기쁜 일엔 딱총을 쏴 대는 중국인들의 풍습이 유감없이 발휘되었다. 몇 날 며칠이고 경축의 딱총 소리는 충칭 시내의 하늘을 뒤흔들었다.

"아! 왜적이 항복했다! 이것은 내게는 기쁜 소식이라기보다 하늘이 무너지는 듯한 일이다."

임시 정부의 주석 백범 김구 선생은 그때의 상황을 이렇게 '백범일지'에 쓰고 있다. 김구 선생의 쓰라린 마음을 엿볼 수 있는 구절이다. 김원봉의 마음도 김구 선생과 다를 바 없었다.

"참으로 안타깝다. 일본이 조금만 늦게 항복했더라면……."

김원봉의 마음 한 구석엔 아쉬움이 뭉게구름처럼 피어올랐다. 1945년 후반부터 광복군 유격대를 국내에 투입시켜 일본군과 싸우려고 날짜를 꼽고 있었다. 광복군 선발대의 국내 투입은 시간 문제였다. 참으로 안타까운 일이 아닐 수 없었다.

해방의 기쁨은 잠시였다. 임시 정부의 요인들은 초조한 나날을 보내야만 했다. 국제 정세로 보아 조선의 장래는 또 한 겹의 짙은 먹구름 속에 파묻히고 있는 듯했다. 마음 같아서는 곧바로 국내로 들어가 정부를 만드는 일에 뛰어들고 싶지만 그게 마음대로 될 수 없는 것이 안타깝고 분노마저 일었다. 임시 정부 요인들과 김원봉은 발을 동동 구르며 국내로 들어갈 날만 기다리고 있었다. 우선 임시 정부의 힘으로는 국내로 들어가는 비행기나 열차, 자동차, 배편을 얻을 수가 없었다. 임시 정부의 요인들과 그 가족의 숫자가 엄청나게 많아 단번에 수송하기는 힘들었다.

8·15 광복이 한 달 정도 흐르는 동안 국내 정세는 감을 잡을 수가 없었다. 국내의 일이 차츰 복잡하게 꼬여 가는 낌새가 보이기 시작했다. 소련군은 8월 20일 원산에 상륙한 뒤 8월 20일에 평양을 점령하고 사령부를 설치했다. 미군은 9월 8일 인천에 상륙하여 곧바로 미군정청을 설치하였다. 미국과 소련 양국은 북위 38도선을 경계로 조선을 분할 점령한다는 방송이 미국의 전파를 타고 충칭까지 날아들었다.

"우리가 우려하던 것이 현실로 나타났군. 일본의 손아귀에서 벗어난 줄 알았더니 조국은 남쪽(남한)과 북쪽(북한)이라는 새로운 이름을 얻게 되었고, 이제 다시 미국과 소련의 손아귀에 들게 되었구나. 이를 어쩌나!"

김원봉의 얼굴엔 드디어 노기가 어렸고 두 주먹은 불끈 쥐어졌다.

국내의 정치 판도는 하루가 다르게 변했다. 김일성, 김책, 김일 등이

소련군과 함께 9월 중순 입북했다. 1945년 10월 16일에는 미국에 있던 이승만도 귀국했다. 임시 정부는 찬밥 신세가 되었다.

미군정은 여태까지 임시 정부에 대해 별로 신경을 쓰지 않았다. 그러던 미군정은 두 달 후에 임시 정부 요인들의 귀국을 허용하였다.

"이런 우라질 놈의 일이 있나. 우리들을 개인 자격으로 귀국하라니?"

임정 요인들의 분노는 하늘을 찌를 듯했다.

"당장 달려가서 미군의 콧대를 꺾어야겠어. 임시 정부의 지위나 가치를 티끌만큼도 인정하지 않는다는 거잖아?"

김원봉도 화가 치밀어 펄펄 뛰었다. 개인 자격으로 임시 정부의 주석, 부주석, 국무위원, 부장 및 수행원을 비롯하여 10여 명만 귀국할 수 있다고 했다. 참으로 기가 찰 노릇이었다. 임시 정부가 지금까지 어려움을 무릅쓰고 존속했던 이유는 무엇이었던가? 그것은 바로 조국의 독립에 있었던 것이다. 그래서 임시 정부는 독립된 조국에 발을 들여놓아야만 했다.

"임시 정부가 귀국하는 것이 아니고 개인 허수아비가 귀국하는 것과 다를 바 무엇인가?"

개인 자격으로 귀국하는 일은 죽음보다 더 치욕적인 일이라 아니할 수 없었다.

임시 정부 요인들이 상하이에서 머문 지 18일 만인 1945년 11월 23일에 미군 수송기 한 대가 상하이에 도착하였다. 그 비행기에는 15명이 탈 수 있었기 때문에 누가 먼저 타고 가느냐가 문제였다. 타고 갈 사람들은 주석을 비롯한 부주석, 국무위원, 부장 등이 결정되는 듯했다.

"비행기 타고 가는데 주석이 다 뭐냐? 미국이 임시 정부를 인정해 주지 않는 마당에……."

임시 정부 요인 중에서 이런 소리가 튀어나왔다.

"주석에게 그 무슨 말씀이오?"

이때 김원봉은 앞으로 나서서 엄숙한 얼굴로 제지하였다.

"주석, 부주석, 국무위원 이시영, 문화부장 김상덕, 선전부장 엄항섭 그리고 수행원 10명이 타고 가면 되겠습니다."

김원봉은 민혁당이 양보해야 된다고 생각했다. 1945년 11월 23일에 제1진의 임시 정부 요인이 귀국 비행기에 올랐다. 김원봉과 민혁당 요원들은 2진으로 귀국길에 오르기로 하였다. 김원봉은 가끔 손해 보는 일을 잘한다고 말하는 사람들이 더러 있었다. 그것은 흉이 아니고 미덕이라는 걸 표현하는 말이란 걸 김원봉도 알고 있다.

"내가 백 번 양보를 잘했지. 한 자리 차지하기 위해 귀국하겠다고 아우성치는 꼴은 정말 꼴불견이었어."

김원봉은 1945년 12월 2일에 제2진으로 귀국하게 되었다.

"박재혁, 김지섭 등 숱한 동지들이 조국 독립을 위해 이 서해 바다를 건너 결국 유명을 달리했는데, 나는 부끄럽게도 살아서 귀국하는구나. 먼저 간 동지들의 뜻을 이루지 못한 채……. 그것도 개인 자격으로……."

김원봉은 귀국 비행기가 서해 바다 위를 날고 있을 때 서해 바다를 내려다보며 아픈 마음을 달랬다. 고국의 하늘은 짙게 흐려 있었고 눈이 쏟아지고 있었다. 비행기는 김포 비행장에 앉지 못하고 두 번 선회하다가 기수를 남으로 돌려 전북 군산 비행장에 가까스로 착륙하였다.

"아! 내 조국이여!"

김원봉의 첫마디는 바로 감개무량한 감탄사였다. 꿈에도 그

리던 조국 땅에 첫발을 디딘 김원봉의 마음은 설레었다. 그러나 그런 설렘은 잠깐이었다. 김원봉의 눈엔 헐벗고 굶주리는 동포들의 참상이 들어왔다.

김원봉 및 제2진의 일행은 옥구에서 미군 트럭을 타고 서울로 오게 되었다. 트럭은 먼지 이는 시골길을 흔들거리며 마구 달렸다. 차에 시달리던 김원봉 일행은 잠시 쉬기로 하였다. 모두 차에서 내려 얼얼한 손발을 문지르고 있었다. 무슨 구경거리라도 되는 양 하굣길의 어린 학생들과 마을 사람들이 우르르 몰려왔다.

"아니, 이 한겨울에 맨발이라니?"

어린 학생들은 거의가 맨발이었다. 누군가가 의아한 눈초리로 보다

가 한 아이에게 물었다.

"애야! 왜 신을 신지 않았지?"

그러나 어린 학생은 대답을 하지 않았다.

"요즈음 신을 신고 다니는 아이들이 어디 있어요? 사 신을 신도 없는데……."

아이 대신에 어른 하나가 대신 대답했다. 그 어른은 그들이 누구인 줄 알지 못했다.

"아! 누가 이토록 만들었는가? 그 동안 우리 동포들이 일본에게 얼마나 착취당했으면 이런가? 이것이 조국의 현실이로구나."

김원봉은 아이들의 맨발을 보고 또 한번 치를 떨었다. 너무도 충격적이었다.

"누가 동포들의 참상을 치료해 줄까?"

김원봉의 눈엔 눈물이 고였다. 흐린 하늘처럼 김원봉의 마음도 그러했다.

14. 한만 땅이는 조국

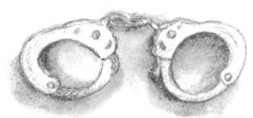

 해방된 조국 땅에서는 두 가지 흐름이 있었다. 그 하나는 친일파들이 미군정과 급속히 가까워졌다. 특히 경찰엔 친일 앞잡이 노릇하던 순사, 형사들이 배치되었다. 망명 독립투사들에겐 마른하늘에 날벼락이 아닐 수 없었다. 또 하나는 조선인 미군정 고문 11명 가운데 9명이 한국 민주당 당원들이었다. 한민당은 국내의 우익 세력이었다. 모두가 기득권 세력이었다.

 김원봉은 서울에서 조직된 전국 군사 준비 위원회의 고문으로 추대되었으며 그 밑에 '조선 국군 학교' 교장으로 추대되었다. 조선 국군 학교는 국군 장교 양성 기관이었는데 '중앙 육군 사관학교'로 이름을 바꾸었다. 조국의 자주적 정부에서 군사 지도자로서 풍부한 군사 경험이 있는 김원봉이 적격자라고 생각했기 때문에 교장으로 추대한 것이다.

 "국군은 친일파 민족 반역자의 군대가 되지 말고 노동자, 농민, 근로 대중을 위한 인민의 군대가 되어야 한다."

 김원봉은 전국 군사 준비 위원회 개회식에서 이렇게 열변을 토했다. 민중의 군대를 건설해야 한다는 것은 김원봉이 중국 독립 투쟁 현장에서 일관되게 부르짖던 주장이었다.

김원봉은 전국 농민 조합 총연맹 결성식을 비롯하여 많은 곳을 다니면서 시국에 대한 강연의 나날을 보냈다. 완전 독립을 이루지 못한 현실 속에서 민족 내부도 여러 정파의 출현으로 의견 통일을 보지 못하고 갈등을 겪고 있었다.

이승만은 민족의 무조건 단결을 부르짖었다. 대동단결에는 친일파도 포함되어 있었다. 또한 공산당을 통일의 방해물로 인정하고 배척하는 방향으로 나아갔다.

"좌익(공산당)을 무시하고 통일을 말하는 것은 불가능한 일이라고 믿는다."

김원봉의 민혁당에서는 공산당을 반대하는 이승만의 주장에 반대하는 성명을 냈다.

"임시 정부는 결코 어느 한 계급, 어느 한 당의 정부가 아니다. 전 민족의 각 계급, 각 정파가 단결한 민주적 정부다. 좌우익이 단결해야 하고 친일파 민족 반역자를 제외한 모든 동포가 굳게 단결해야 한다."

침묵을 지키고 있던 김구가 좌우익 통일을 주장하고 나섰다.

"국론이 이렇게 분열되니 나라의 장래는 어떻게 되겠는가?"

김원봉은 어느 한쪽만으로 정부를 세우는 것에 대해 경계심을 가졌다. 김원봉은 좌우익 통일 노력을 중단하지 않았다.

"민족 통일의 최고 기관으로서 국내 좌우익 양 진영, 각 정당, 명망 있는 혁명투사들을 망라하여 3천만의 통일 전선을 결성한다."

김원봉은 이렇게 결단을 내리고 한독당의 조소앙, 민혁당의 김원봉, 민족 해방 동맹의 김성숙, 혁명자 연맹의 유림, 신한 민주당의 최동오 등 임시 정부 내 5당을 중심으로 특별 정치 위원회(특위)를 결성했다. 그러나 이 특위는 미국, 소련, 영국의 수뇌부가 모여 결정한 모스크바 삼상회의의 선언으로 빛을 보지 못했다.

우리 민족의 일은 우리 민족의 손으로 해결해야 되는데 남의 나라가 국내 문제를 결정한다는 것은 우리 민족에겐 수치였다. 모스크바 삼상회의는 충격적이었다.

"조선에 임시 정부를 세우고 5년 동안 신탁 통치를 실시한다."

이 조항은 즉각 독립이 아니었다. 신탁 통치라는 것이 뭔가? 국제 연합(유엔)이 그 나라가 능력이 있을 때까지 대신 정치를 하는 것이 아닌가? 뜻이 있는 사람에겐 말도 안 되는 소리였다. 국내는 신탁 통치 문제로 각 당파의 의견이 엇갈려 혼란을 일으켰다. 민족주의 진영은 신탁 통치를 반대, 공산 진영은 모스크바 삼상회의 결정을 찬성했다. 나라 안은 이 문제로 시끌벅적했다.

1946년 2월 말에서 3월 초까지 김원봉은 민심을 파악하고 자신의 주장을 널리 알리기 위해 지방을 순회하였다. 대구, 창녕을 거쳐 밀양, 부산, 마산, 진해, 진주로 순회하였다. 김원봉이 가는 곳엔 많은 인파가 몰려와 열렬한 환영을 하였다. 특히 고향 부북면 감천리에 와서

는 환영 인파 때문에 아예 차에서 내려 걸어서 밀양읍으로 들어갔다.

"조국이 독립이 되기 전에는 돌아오지 않으리라."

모진 마음을 먹고 고향을 떠난 김원봉의 고향 방문은 금의환향이었을까? 28년 만의 고향은 한눈에 봐도 찌들어 있었다. 왜놈들의 악랄한 착취가 그대로 남아 있는 걸 보고 찢어질 듯한 마음을 가눌 길이 없었다. 자기 집에서 하룻밤 자고 밀양의 민족 해방 운동의 선구자요 고모부인 황상규 묘소를 참배하고, 친구요 동지인 박재혁의 묘소도 참배하고 밀양 제일 국민학교에서 열리는 환영 대회에 참석하여 인사말을 했다.

"밀양에서 발을 디뎠을 때 변하지 않은 것은 종남산과 남천강이었습니다. 이와 같이 산천은 의구하나 전홍표, 황상규 선생과 여러 동지들은 벌써 작고하였고 젊은 정열에 불타는 동지들은 백발이 성성하여졌습니다. (중략) 내가 떠날 때 생각은 다만 한 가지, 굴욕의 삶은 살고 싶지 않았고 일본 세력과 압박을 우리 금수강산에서 몰아내고 어떻게 하면 우리의 동포를 안정시킬 수 있을까 하는 그 생각뿐이었습니다."

이어서 의열단과 의용대의 활약과 희생을 소개한 뒤, 농민의 지위 향상 없이는 상공업과 문화도 발전할 수 없으며, 우리 정치의 목적은 반드시 농민, 노동자, 소상인들의 경제적 향상에 두어야 하고, 소수의 이익에 봉사해서는 안 된다고 주장하였다.

1946년 6월 3일에 이승만이 남한만의 단독 정부 수립을 주장하자, 김원봉과 민혁당은 좌우익 합작을 통한 정부를 세워야 한다고 주장했다. 이승만의 주장은 우리나라를 영구히 분열시키는 행위라고 비난하였다. 완전한 독립 정부 수립이 김원봉의 완강한 통일 의지였다.

1946년 9월로 접어들면서 미군정은 철도 노동자들의 파업, 10월 1일의 대구 폭동을 공산당이 뒤에서 조종한다고 보았다. 국내 정세가 매우 혼란스러웠다.

미군정 당국은 공산당을 불법 단체로 인정하고 대대적인 탄압을 가했다. 공산당을 불법화하고 그들의 활동을 금지했다. 비합법화 단체

로 낙인이 찍힌 공산당원들은 월북하고 남아 있는 공산당원들은 지하로 숨어 비밀리에 활동을 할 수밖에 없었다. '민족주의 민족 전선'(약칭:민전)은 좌익 세력의 합법 단체였다. 그 민전의 의장이 김원봉이었다. 미군정과의 교섭은 자유롭게 이루어질 수 있었다.

김원봉은 민전 조사단장으로 영남을 다녀와 파업이나 폭동의 원인을 살피고 미군정 당국에 이렇게 전달했다.

"쌀을 배급하지 않았고 친일파 민족 반역자들을 등용했으며 경찰에 의해 구타, 검거, 투옥, 총살이 그 원인이었다. 그 직접적 계기는 굶주림에 직면한 민중의 생활고다."

김원봉은 이렇게 주장하고 그 시정을 요구하며 여론을 불러일으켰다. 김원봉이 합법적으로 좌익의 대변인 역할을 하자, 미군정의 미움은 더 커졌다. 1946년 10월 21일에 김원봉은 성북 경찰서 경찰관한테 폭행을 당하는 수모를 겪었다.

미군정은 1947년 3월 23일부터 3월 29일까지 좌익 세력들을 검거했다. 이때 미군정은 김원봉이 관계하는 민전 사무실을 습격하여 김원봉 및 당원들을 검거하였고 김원봉은 포고령 위반 혐의로 군사법정에 서게 되었다. 김원봉을 체포한 사람은 일제 때부터 악명 높았던 노덕술이었다. 노덕술은 그때 수도 경찰청(요즈음 서울경찰청) 수사과장이었다.

"평생을 조국 광복에 몸 바쳤으며 의열단 단장, 민혁당 서기장(당수), 임시 정부의 국무위원 겸 군무부장을 지낸 사람이 악질 일본 경찰 출신자로부터 조사를 받는 모욕을 당했으니 세상이 잘못되어도 보통 잘못된 것이 아니다."

김원봉의 이런 모욕적인 사건에 대해 민족 해방 운동에 참여했던 사람들은 모두 분개했다. 민족 해방 운동의 영웅에 대한 모독이라는 여론이 들끓었다. 여론을 의식한 미군정은 김원봉을 무혐의로 풀어 주었다. 일본 경찰의 끈질긴 추적과 엄청난 현상금에도 불구하고 체포되지 않았던 김원봉으로서는 내 나라 땅에서 당한 이번 사건은 대단히 충격적인 일이었다.

"여기서는 왜놈 등쌀에 언제 죽을지도 몰라. 내가 조국 해방을 위해 중국 땅에서 일본놈과 싸울 때도 이런 수모는 당한 일이 없었는데, 해방된 조국에서 악질 친일파 손에 수갑을 차다니 이럴 수가 있는가?"

김원봉은 무혐의로 풀려 나온 뒤 3일 낮과 밤을 울었다고 한다.

김원봉의 독백은 울분으로 이어졌다. 본인 김원봉의 마음은 어떠했으랴.

김원봉이 철창 생활을 하는 동안 부인 최동선은 두 번째 사내아이를 낳았다. 철창 생활 중에 낳았다 하여 아기의 이름을 철근이라고 지었다. 맏아들은 중경(충칭)에서 태어났다고 중근이라고 지었다.

1947년 6월 2일, 민혁당 제10차 대회에서 인민공화당으로 이름을 바꾸고 김원봉을 위원장으로 추대했다. 미군정은 김원봉에게 체포령을 내렸다. 김원봉도 공산주의자로 취급되었기 때문이다. 김원봉은 이제 드러내 놓고 활동할 수 없게 되었다. 미군정의 탄압으로 김원봉은 다시 좌절을 겪을 수밖에 없었다.

1948년 4월 19일부터 23일까지 평양에서 남북 대표가 모여 회의를 열었다. 남쪽에서는 김구, 김규식과 함께 김원봉도 참석하였다. 해방이 된 지 2년이 지나도록 남북의 정치 지도자들이 한자리에 모여 흉금을 털어놓고 조국의 운명을 토론해 본 적이 없었다. 이 회의에서 조국의 운명에 대해 토론하고 일치된 의견을 모으기로 했다.

"유엔이 주관하는 5·10 총선 반대, 미국과 소련군의 동시 철수."

회의를 마치고 이런 결의문을 채택했다. 그러나 나라의 앞날에 대한 구체적인 것에 대해서는 대비책을 세우지 못했다. 아쉬운 일이 아닐 수 없었다. 회의가 끝난 후 김구와 김규식은 남쪽으로 되돌아왔으나 김원봉은 인민공화당의 주요 간부들과 북쪽에 남아 김일성 정부의 국가검열상이 되고, 최고인민회의 상임위원회 부위원장으로 승진까지 한다. 그로부터 그의 얼굴은 남쪽에서 영원히 볼 수 없게 되었다.

그도 한 인간이요, 한 가정의 가장, 아버지, 남편이었다. 남쪽에 두고 온 가족이 왜 보고 싶지 않았으랴. 남쪽에 두고 온 가족을 몹시 만나고 싶어했다는 소문도 있었다. 1958년 이후 그도 끝내 김일성에 의해 그의 정치 생명의 막을 내리게 되었다고 한다.

김원봉…….

일제하 독립 운동에서 의열단 활동 등 비중이 매우 컸던 인물이었고, 민족 통일 전선의 신봉자였으며, 한·중 민족 연대의 선구자였던 인물.

그가 영도한 당과 군이 수행한 대일 투쟁은 한국 독립 운동사에서 불멸의 업적을 이룩하였을 뿐만 아니라, 중국인들의 대일 항전에도 실질적인 보탬이 되었다.

따라서 오늘 그를 되살리는 것은 향후 민족 통일 운동과 한·중간 우호선린의 증대, 나아가 동아시아 평화를 위해서도 꼭 필요한 일일 것이다.